핵심 쏙쏙 실력 쑥쑥

슬기로운 커피생활

핵심 쏙쏙 실력 쏙쏙

슬기로운 커피생활

교사용 지도서

초판 인쇄	2024년 4월 15일
초판 발행	2024년 4월 15일
집필진	박은혜 최근영 김지화 박성혜 임지호
펴낸이	임지호
펴낸곳	더스칼러빈(The Scholar Bean)
사진	최재혁 김지화
일러스트	최다솜 임지호
디자인	최다솜
출판등록	2020년 7월 30일 제 386-2020-000052호
주소	경기도 부천시 경인로304번길 26
대표전화	032-611-7994
팩스	032-661-3949
이메일	tsb2020@naver.com

© 박은혜 임지호, 2024
ISBN 979-11-971385-3-9 14590

이 책은 저작권법에 따라 보호받는 저작물이므로 무단 전재와 복제를 금합니다.
이 책의 전부 또는 일부 내용을 재사용하려면 사전에 저작권자와 본사의 서면 동의를 받아야 합니다.

들어가는 말

사회적인 변화와 더불어 특수교육 현장에서도 커피에 대한 관심은 지속적으로 증가해왔고, 이는 바리스타 직무뿐만 아닌 커피를 기반으로 한 교육과정의 변화에도 큰 영향을 끼쳐왔습니다. 2022년 발달장애인 일과 삶 실태조사(한국장애인고용공단)에 따르면 발달장애인의 식음료 서비스 분야에 있어서 취업자 수는 6,607명으로 이는 전체 발달장애인의 약 10.5%를 차지할 정도로 상당합니다. 하지만 교육 현장에서는 어떻게 해서 한 알의 커피 씨앗이 한 잔의 커피가 만들어지는지 즉, 커피의 전반적인 내용을 다루면서도 선생님들과 학생들이 쉽게 가르치며 즐겁게 학습할 수 있는 교재의 부재가 늘 아쉬움으로 마음 한 켠에 있었습니다.

이에 커피를 재미있게 배우고 싶어하는 발달장애 학생들, 고교학점제에서 집중적으로 바리스타 과목을 이수하고 싶은 학생들, 취업을 위해 커피를 배우고자 하는 전공과 학생들 등 다양한 목적으로 커피를 배우고 싶어하는 발달장애 학생들을 위한 워크북과 이 학생들을 보다 전문적인 지식을 바탕으로, 효율적으로 가르칠 수 있게 선생님들을 위한 교사용 지도서를 만들고자 하였습니다. 이를 위해 오랫동안 특수교육 현장에서 아이들을 가르치면서 동시에 커피에 대한 교육적·커피산업현장 경험이 풍부한 선생님들이 뜻을 모아 오랜 시간 함께 고민하며 이 책을 개발 및 제작하게 되었습니다.

1단원 커피학개론에서 커피의 고향, 커피나무, 커피품종, 커피분류, 커피 플레이버를 중심으로 커피가 무엇인지에 대한 기본적인 내용을 다루었다면 2단원에서는 로스팅을 통해 어떻게 커피의 씨앗 즉, 생두가 원두가 되는지 수망 로스팅 실습을 하면서 알아보고자 하였습니다. 또한 원두와 커피가루를 소재로 교육 현장에서 직접 활용 가능한 수업 제재를 제시하였으며, 커피가 재활용품과 미술작품의 재료로도 사용될 수 있음을 알아보았습니다. 3단원은 커피를 만나는 장소인 카페에서의 다양한 직무를 소개하고 실제 활동으로 수행할 수 있는 내용을 담아 위생과 대인 서비스 영역을 작성하였으며 4단원에서는 에스프레소를 포함한 카푸치노, 라떼아트 및 모카포트와 사이폰으로 추출하는 방법을 이해하기 쉽도록 제시하였습니다. 마지막 5단원은 커피가 아닌 다양한 카페 음료를 제작할 수 있는 레시피를 여러 가지 활동과 함께 쉽고 재미있게 다루어보았습니다.

본 교재를 집필함에 있어 가장 중점을 두었던 것은 바로 시각적 자료 제시였습니다. 기존의 교재들이 주로 문자로만 내용을 소개하는데 그치는 것이 아쉬웠던 것을 보완하고자 구체적인 사진 제시를 통해 교사와 학생이 충분히 이해하는데 도움을 주고자 하였습니다. 또한 한 걸음 더 나아가 영상 교육이 필요한 부분에 대해서는 직접 영상을 촬영 및 편집·제작하여 수업 시 활용할 수 있도록 하였습니다.

'핵심 쏙쏙 실력 쑥쑥 슬기로운 커피 생활'은 커피를 보다 재미있게 배우며 실력이 쑥쑥 향상되고 싶은 발달장애 학생들과 이러한 학생들을 커피는 몰라도 잘 가르치고 싶은 선생님들에게 커피의 매력에 흠뻑 빠지게 되는 마중물 역할을 할 수 있길 바라며 만든 책입니다. 몇 년여의 시간을 거쳐 드디어 세상의 빛을 보게 되는 '핵심 쏙쏙 실력 쑥쑥 슬기로운 커피 생활'이 특수교육 현장에 도움이 되는 커피 교육 교재로 널리 사랑받을 수 있기를 바라봅니다.

책의 사진 작업에 필요했던 모든 물품 및 장소를 마음껏 사용할 수 있도록 허락해주신 사회복지법인 백십자사 임지호 대표 이사님과 부천혜림학교 이성희 교장 선생님께 특별히 감사의 인사를 드립니다. 그리고 책의 사진과 영상 제작을 위해 본인의 재능과 시간을 아낌없이 나누어 준 최재혁 선생님께도 깊은 감사의 마음을 전하며 앞으로도 책의 부족한 부분은 지속적으로 수정·보완해 나갈 것을 약속드립니다.

2024년 3월

대표 저자 박은혜

추천의 글

발달장애학생 눈높이에 맞춘 이론과 실습의 향긋한 조화

경상남도교육청 특수교육원
교육연구사 한경화

오랫동안 바리스타 교육은 특수교육대상학생의 진로직업교육에 있어 중심적인 역할을 담당하고 있지요. 한때 저는 무분별하게 바리스타 교육에 집착하는 풍토에 대해 부정적인 견해를 가진 적이 있었어요. 그래서 왜 바리스타인가? 그 이유에 대해 생각해 보았어요.

첫째로, 바리스타 교육은 우리 학생들에게 실무적인 기술을 배우게 하고, 직업 기회를 확대하는 데 도움을 줘요. 바리스타로서의 기술은 많은 카페나 외식서비스 분야에서 중요한 역할을 하고 있고, 이는 학생들에게 잠재적인 직업 기회를 제공해 주는 것이지요. 실제로 2022년 실태조사에 따르면 발달장애인의 10.5% 정도가 식음료 서비스 분야에 취업을 하고 있더라구요. 둘째로, 바리스타 교육으로 자립 능력과 사회적 기술을 향상시킬 수 있어요. 커피 제조 과정은 고객 응대, 작업 환경에서의 적응력, 시간 관리 등 다양한 사회적 기술을 연마하는 데 도움이 될 뿐 아니라, 발달장애학생들의 일상생활에서도 유용한 기술들을 부가적으로 향상시킬 수 있어요. 셋째로, 바리스타 교육을 받으며 새로운 기술을 배우고 습득함으로써 성취감을 느낄 수 있어요. 더 나아가 자격증을 취득한다면, 자신에 대한 확신과 자아존중감이 높아질 수 있겠지요.

이렇게 긍정적인 효과를 가지고 있는 바리스타 교육, 제게는 왜 부정적인 느낌을 받게 한 것일까요? 2023년 고교학점제가 도입되면서 학생들의 진로학업설계에 기반한 맞춤형 책임교육이 더욱 강조되었어요. 학생들의 진로와 적성에 맞는 교육과정 운영과 깊이 있는 학습을 중심으로 관련 과목에 대한 학점을 이수하도록 하는 제도이지요. 외식서비스 그 중 식음료 분야에 진로 희망이 있는 학생들은 이와 관련된 학점을 이수한다면 향후 취업이나 진학에 도움이 될 수 있겠죠. 하지만 전국적으로 중추적인 역할을 담당하고 있는 바리스타 교육을 살펴보면, 특수교육 교육과정 속에는 진로와 직업교과에 일부분과 전문교과Ⅲ의 외식서비스 과목 내 하나의 영역으로 학습하고 있어 관련 학점을 이수했다고 보기에는 한계가 있더라구요. 반면 전문교과Ⅱ의 바리스타 과목은 NCS기반으로 개발되어 우리 학생들에게 적용하기에는 난이도가 너무 높구요. 별도로 우리 학생들을 위해 개발된 교과서가 없다보니 여러 가지로 어려움이 있더라구요. 이렇게 현실과 맞지 않는 교육과정이 운영되고 있는 현장을 보며 제가 부정적인 생각을 하게 된 것 같아요.

실제로 운영되는 교육 내용이 교육과정과 일치하였으면 좋겠다는 생각, 그러던 중 바로 이 책 「**핵심 쏙쏙 실력 쑥쑥 슬기로운 커피생활**」을 만나게 되었어요. 전문교과Ⅱ의 바리스타 과목을 학교에서 개설하고 이 책을 부교재로 사용하면 너무 좋겠더라구요.

이 책의 특징은 간단하게 살펴보면, 단순하고 명확한 언어를 들 수 있어요. 발달장애 학생들의 느린 인지능력을 고려하여 아주 쉬운 언어로 작성되어 있어요. **각 단계와 개념을 쉽게 이해하고 따라 할 수 있도록 구조화되어 있어요.** 다음으로 텍스트뿐만 아니라 **시각적 자료를 많이 담고 있어 학생들이 보다 쉽게 정보를 이해하고 기억할 수 있도록 도와줘요.** 그리고 **자칫 놓치기 쉬운 이론적인 내용과 실제 상황에서 필요한 대처 방법들을 활동 중심으로 풀어내고 있어 학생들이 재미있게 익힐 수 있어요.** 학생들은 이론적 배경을 바탕으로 고객 응대 방법과 기술을 실전 상황에서 어떻게 적용할 수 있는지를 배울 수 있답니다. 워크북의 내용을 살펴보다 보면 향긋한 커피향이 나는 듯한 착각에 빠지기도 한답니다. 마지막으로 **활동지, 붙임딱지 등이 곳곳에 숨어 있어 쉽게 흥미가 떨어지는 우리 학생들에게 집중할 수 있는 요소**를 제공해 준답니다. 무엇보다 책을 한 장 한 장 넘길 때마다 느껴지는 저자들의 노하우들이 저를 감동시켰답니다.

이처럼 「**핵심 쏙쏙 실력 쑥쑥 슬기로운 커피생활**」은 고등학교 고교학점제와 연계하여 자신의 진로 역량을 개발하고 전문가로서 자부심을 가질 수 있도록 지원해 줄 것이라 자부합니다. 바리스타와 관련된 기초적인 지식부터 응용까지를 다루며, 발달장애 학생들이 쉽게 이해하고 따라 할 수 있도록 구성되어 있어, 지금까지 적절한 교재가 없어 고민하신 선생님과 가족들에게 추천합니다.

2024년 4월
한경화

특수교육 현장의 발전을 위한 창의적이고 모험적인 도전

국립정서장애특수교육기관 한국경진학교
교감 이석호

이 책의 제목을 보면서 슬기롭게 사는 생활은 어떤 것일까? 하는 생각을 잠시 해 보았습니다.

행복을 추구하며 사는 것이 삶의 목적이라 한다면 현대인의 일상 속에서 커피는 이제 특별히 마시는 음료가 아니라 식생활이자 문화의 한 부분이 되어 우리의 일상에서 빼놓을 수 없는 소중한 동반자로 그 매력을 이어오고 있는 것 같습니다.

저 역시 오랜 시간 발달장애 특수학교 현장에서 학생들을 지도하며 늘 긴장감과 압박감을 풀어 본 적이 없을 때 한 잔의 커피를 통해 하루의 피곤을 풀기도 하고 한 잔의 커피를 마시며 따뜻한 행복감을 느끼고는 합니다.

이 책을 읽으면서 단순히 책 한 권의 출판이 아니라 우리 사회가 발달장애를 가진 학생들과 함께 커피를 통한 일상의 풍요로운 문화와 행복감을 공감하고 지원하기 위한 교육자로서의 집필 의지가 강하게 담겨져 있는 것을 볼 수 있었습니다.

특수교육 기본 교육과정의 진로와 직업 교과에 바리스타나 커피와 관련된 교육 내용이 있고 많은 특수학급과 특수학교에서 바리스타 수업을 진행하고 있어서 이제 빼놓을 수 없는 특수교육 현장의 한 부분이 되어 있지만 현실은 우리 발달장애 학생을 대상으로 집필된 서적을 시중에서 찾기 어렵고 간단한 교과서 내용과 각자 자신만의 방법으로 수업을 진행하고 있는 것이 현실입니다.

이 책 안에는 커피의 다채로운 역사와 문화, 그리고 맛의 세계를 탐험하며 커피 제조와 서비스 기술을 단계적으로 나누어 차시별로 구성하여 쉽고 다양한 시선으로 수업을 진행할 수 있도록 제시하고 있는 것이 가장 돋보이는 장점인 것 같습니다.

커피를 잘 아는 교사이든, 잘 모르는 교사이든 누구나 지도서를 통해서 학생들에게 순서대로 수업을 진행하면 자동적으로 커피라는 단어 하나로 5개 영역을 통해 23차시의 수업을 실타래 풀듯이 풀어나가는 모습을 경험하시게 되리라 봅니다.

워크북 또한 학생들이 쉽게 이해하고 사용하면서 실습을 통해 수업에 접근할 수 있도록 편리하게 제작되어 있어서 실제 수업 현장에 커피 재료가 없어도 수업을 진행할 수 있을 것 같습니다.

발달장애 학생을 대상으로 하는 이러한 커피 수업 교재가 세상에 모습을 드러내었다는 것은 커피를 전문적으로 연구한 특수교육전문가가 집필하지 않았다면 결코 발간되지 못했을 것입니다. 이제, 이 책을 통해 커피를 마시는 것 이상의 의미를 부여하여 소통과 공감이 중요한 우리 발달장애 학생들에게 커피에 대한 새로운 관점을 선사하고 우리가 알지 못했던 다양한 이야기와 기본적인 지식을 핵심적으로 쉽게 전달하고자 하는 저자의 흰지팡이 역할이 특수교육 현장에서 빛을 발휘할 것을 기대합니다.

아무쪼록 특수교육 현장의 발전을 위한 창의적이고 모험적인 이번 도전이 많은 이들에게 영감을 주고 더 나은 미래를 향해 함께 나아가는 계기가 되기를 바랍니다. 더불어 우리 학생들과 선생님들에게 큰 도움이 되기를 바라며 특수교육 현장에서 향기로운 순간을 더해주는 시간을 위해 지속적으로 노력해 나아가는 모습을 응원하겠습니다.

2024년 4월

이석호

구성과 특징

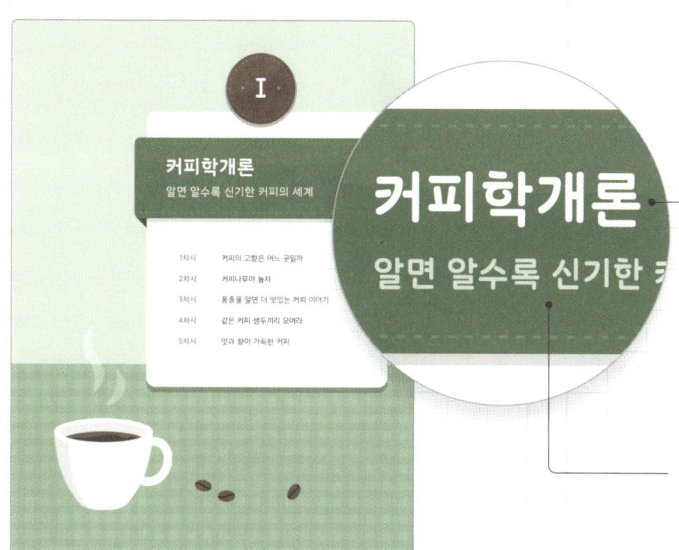

대 단원명
이 책은 총 5단원으로 이루어져 있습니다. 대 단원명은 각 단원에서 교육하고자 하는 주요 내용이며 핵심 개념을 담고 있습니다.

단원명 부제
부제는 단원명과 단원에서 배우게 될 학습 내용을 보다 쉽게 이해하도록 풀어쓴 제목입니다.

차시 명
차시 제목을 통해 해당 차시에서 배울 내용에 대한 학생들의 흥미를 높일 수 있습니다.

학습 목표
차시 학습을 통해 성취하게 될 학습 목표를 제시하였습니다.

학습 계획
학습을 위한 계획을 수립하는데 도움이 되도록 차시 개관, 학습 활동, 학습 자료, 관련 자료를 명시하였습니다.

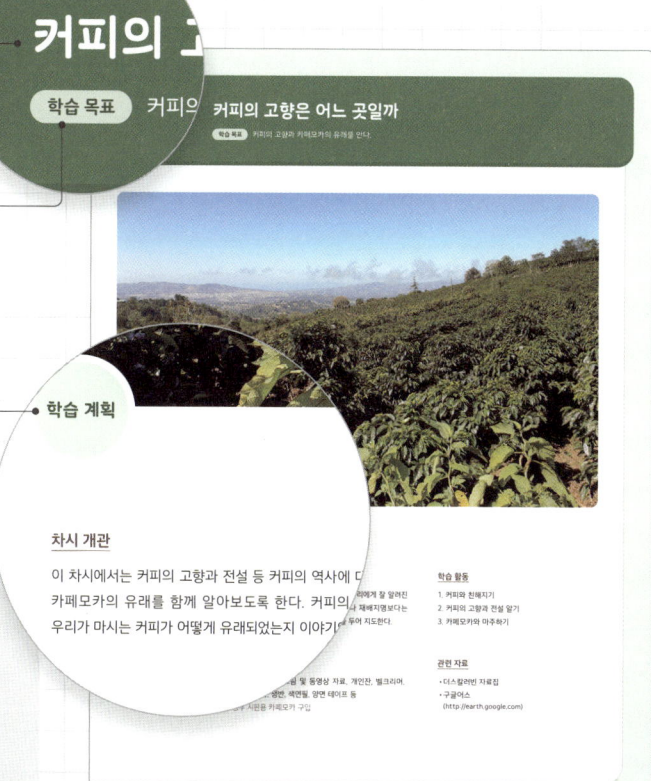

차시 개관
해당 차시에서 배우게 될 전반적인 내용과 지도상 유의점, 중점 지도 사항 등을 제시하였습니다.

학습 활동
학습을 위해 이루어지는 학습 활동을 3단계로 제시하여 학습 목표에 맞게 위계화하였습니다.

학습 자료
학습 활동에서 활용되는 핵심적인 학습 자료를 목록화하여 교육 전 필요한 자료를 준비할 수 있도록 명시하였습니다.

관련 자료
학습 자료 이외에도 학습 활동에서 활용 가능한 자료를 수집할 수 있는 온라인 사이트나 영상 자료 등에 관한 정보를 제시하였습니다.

알기
[알기] 활동은 커피 및 관련 교육 내용에 대한 핵심 용어나 이론, 기초 지식에 대해 탐색하는 활동이 이루어집니다.

펼치기/더하기
[펼치기/더하기] 활동은 [알기] 활동을 통해 익힌 내용을 확장하거나 심화하여 적용하는 활동이 이루어집니다.

활동하기/실습하기
[활동하기/실습하기]에서는 배운 내용을 바탕으로 워크북과 연계한 학생 활동 중심의 활동이나 체험 또는 실습하는 활동이 이루어집니다.

학습 활동
주요 학습 내용 및 활동의 성격에 따라 알기, 펼치기(더하기), 활동하기(실습하기)로 말머리를 구분하여 3단계로 제시하였습니다. 세 가지 형태의 학습 활동은 순서대로 심화 되면서 진행되어 학습 목표를 성취하도록 도와줍니다.

NOTE
수업 시 활용 가능한 저자의 팁이 제시되어 있으며, 추가적인 메모가 필요한 경우 활용할 수 있는 공간입니다.

수업Tip
실제 저자들이 해당 차시의 학습 내용을 가르치면서 체득한 수업의 활용방안이나 유의점, 고려점 등을 제시하여 본 지도서를 활용하여 커피 수업을 실시하는 선생님들께 도움이 될 수 있도록 하였습니다.

Q
'Question'의 약자로 수업에 대한 흥미도를 높이고 학생들의 발산적, 창의적 생각을 이끌어 낼 수 있는 교사 발문을 제시하였습니다. 활동을 이끌어 나가는데 직접적으로 활용할 수 있는 발문으로 필요 시 수업 대상 학생의 특성과 수준에 따라 수정·변형하여 사용할 수 있습니다.

보충 자료

해당 차시에서 반드시 알아야 하거나 배경 지식의 심화·확장을 돕는 자료가 필요할 때 교사들을 위한 자료로 제시하였습니다. 커피 수업을 준비하며 보다 깊은 탐구를 희망하는 분들이 활용할 수 있습니다.

참고 자료

본문 내용에 제시된 용어나 개념의 이해를 돕는 자료입니다. 다소 어려운 내용을 설명할 때나 보다 쉽게 이해시키고자 할 때 활용할 수 있습니다.

평가

학습 목표 및 학습 내용과 연계하여 학습 활동에 대한 학생의 참여도를 평가할 수 있는 지표로 제시하였습니다. 차시 학습이 종료된 후 학생의 이해도나 참여도를 측정하는 기준으로 활용할 수 있습니다.

영상 표시

실습이 필요하거나 글을 통한 학습 내용의 명확한 전달이 어려운 경우, 교육 영상을 시청하고 체험 또는 실습을 수행할 수 있습니다. 더스칼러빈 자료집에서 관련 영상을 시청할 수 있습니다.

영역별 내용 및 학습 활동

영역		핵심 개념	차시명	학습 목표	학습 활동	
I. 커피학 개론	1	커피 역사	커피의 고향은 어느 곳일까	커피의 고향과 카페모카의 유래를 안다.	알기	커피와 친해지기
					펼치기	커피의 고향과 전설 알기
					활동하기	카페모카와 마주하기
	2	커피나무	커피나무야 놀자	커피체리의 구조와 명칭, 성장 과정을 바르게 연결한다.	알기	커피나무 알기(나무, 잎, 꽃, 열매)
					펼치기	커피체리 살펴보기(구조와 명칭)
					활동하기	커피체리의 성장 과정 살펴보기
	3	커피 품종	품종을 알면 더 맛있는 커피 이야기	아라비카와 로부스타의 맛을 비교하고 구분한다.	알기	아라비카와 로부스타 구분하기
					펼치기	아라비카와 로부스타 맛보기
					활동하기	믹스커피에서 로부스타 분리하기
	4	커피 생두	같은 커피 생두끼리 모여라	생두 분류에 대한 이해를 하고 크기별, 결점두 분류를 해본다.	알기	커피의 분류 이해하기
					펼치기	종이 핸드 스크리너로 크기별 생두 분류하기
					활동하기	붙임딱지를 이용하여 결점두 분류하기
	5	커피 향미	맛과 향이 가득한 커피	커피의 맛과 향이 있음을 알고 향미표를 완성한다.	알기	음료(사이다, 콜라)의 맛을 보고 반응하기
					펼치기	향미표(커피 플레이버휠)를 알고 에티오피아와 브라질 커피의 향미 비교하기
					활동하기	나만의 커피 향미표 완성하기
II. 로스팅	6	로스팅 이해	수망 로스팅, 넌 누구니	수망 로스팅한 원두로 커피를 추출하여 맛을 본 후 그 느낌을 표현한다.	알기	로스팅의 이해
					펼치기	수망 로스팅 해보기
					활동하기	수망 로스팅한 원두 맛보기
	7	로스팅 단계	원두로 완성하는 나만의 작품	단계별로 로스팅된 원두의 색상을 비교하고 밑그림에 자유롭게 원두를 붙여 나만의 작품을 완성한다.	알기	생두와 원두 비교하기
					펼치기	로스팅 8단계의 색상 변화 알기
					활동하기	원두를 이용하여 나만의 작품 만들기
	8	드립백	언제 어디서나 즐길 수 있는 커피	드립백 포장에 필요한 도구의 사용법을 알고 분쇄 원두를 계량하여 순서에 맞게 포장한다.	알기	저울 사용법, 무게 측정법 알기
					펼치기	드립백 만들기
					활동하기	드립백 커피 추출하기
	9	커피 아트	커피향 가득한 손그림 세계	분쇄 커피를 이용하여 커피 아트를 완성한다.	알기	분쇄 커피를 탐색하고 커피를 분쇄하는 이유 알기
					펼치기	커피 아트하기
					활동하기	나만의 커피 아트 촬영하기
III. 위생과 대인 서비스	10	개인위생	맛있는 커피의 시작은 개인위생으로부터	개인위생의 뜻과 중요성을 알고 자신의 개인위생을 점검한다.	알기	개인위생의 뜻과 중요성 알기
					활동하기	개인위생 상태 점검하기
					활동하기	개인복장 상태 점검하기
	11	매장위생	깨끗하게 정돈된 매장	깨끗한 매장 운영을 위해 필요한 청소 방법을 알고 실천한다.	활동하기	홀 청소하기
					활동하기	주방 청소하기
					활동하기	분리수거 하기
	12	대인 서비스	어서오세요, 주문하시겠습니까	기기를 사용하여 고객의 음료 주문을 받아 계산하고, 다양한 상황에서 적절한 말과 행동으로 고객을 응대한다.	활동하기	주문서 및 계산기 사용하기
					활동하기	포스기 사용하기
					활동하기	다양한 상황에서 고객 응대하기

영역		핵심 개념	차시명	학습 목표	학습 활동	
IV. 커피 추출	13	에스프레소의 의미와 특징	커피 추출의 첫걸음 에스프레소	에스프레소의 의미와 특징을 이해한 후 에스프레소 커피액과 크레마를 구분한다.	알기	에스프레소의 의미와 특징(압력, 추출 시간, 추출량 등) 이해하기
					펼치기	바리스타 직무체험 애플리케이션을 활용하여 에스프레소 추출 실습하기
					활동하기	에스프레소에서 커피액과 크레마 구분하기
	14	에스프레소 추출	커피의 심장 에스프레소	에스프레소를 추출하여 적절한 서비스 멘트와 함께 서빙한다.	알기	에스프레소 머신 알기(구조, 명칭, 역할)
					펼치기	에스프레소 추출하기
					활동하기	에스프레소 서빙하기
	15	우유 거품	반짝반짝 부드러운 우유 거품	우유 거품 만들기의 과정을 알고 실습에 참여한다.	알기	우유 거품 만드는 과정 알기
					실습하기	우유 거품 만들기
					더하기	에스프레소에 우유 거품 붓기
	16	카푸치노	우유 거품 풍성한 카푸치노	우유 거품을 완성하여 카푸치노를 만든다.	알기	카푸치노 알기
					실습하기	카푸치노 만들기
					더하기	카푸치노에 하트 그리기
	17	라떼아트	에칭펜과 툴로 라떼아트 만들기	에칭펜과 툴을 이용하여 라떼아트를 만든다.	알기	카페라떼 알기
					실습하기	우유 거품을 만들어 툴을 이용한 라떼아트 만들기
					더하기	에칭펜을 이용한 시럽라떼아트 모양 꾸미기
	18	커피 추출 (핸드드립)	신기한 추출의 세계	추출의 의미를 이해한 후 클레버 커피 드리퍼와 하리오 드리퍼를 이용하여 커피를 추출한다.	알기	추출의 의미 알기
					실습하기	드리퍼 모양에 맞는 여과지 선택하여 접어보기
					더하기	클레버 커피 드리퍼와 하리오 드리퍼를 이용하여 커피 추출하기
	19	모카포트	집에서 마시는 에스프레소	모카포트로 추출한 커피를 사용하여 연유 커피를 만들어 맛본다.	알기	모카포트의 구조와 종류 알기
					실습하기	모카 익스프레스와 브리카로 추출하여 비교하기
					더하기	연유 커피 만들기
	20	사이폰	커피가 과학이라고	사이폰의 구조와 명칭을 알고 순서에 맞게 커피를 추출한다.	알기	사이폰의 구조와 명칭 알기
					실습하기	사이폰으로 커피 추출하기
					더하기	사이폰의 관리 방법 알기
V. 메뉴 만들기	21	고구마라떼	맛있는 한 끼 음료 만들기	고구마라떼 만드는 방법을 익혀 고구마라떼를 만든다.	알기	고구마라떼 준비물 알기
					실습하기	고구마라떼 만들기
					더하기	고구마 고명 올리기
	22	초콜릿라떼	달콤한 초콜릿라떼 만들기	초콜릿라떼 만드는 방법을 익혀 초콜릿라떼를 만든다.	알기	초콜릿라떼 준비물 알기
					실습하기	초콜릿라떼 만들기
					더하기	우유 거품이나 생크림을 올려 모양 꾸미기
	23	말차라떼	싱그럽고 달콤 쌉쌀한 말차라떼 만들기	말차시럽을 만들어 말차라떼를 만든다.	알기	녹차와 말차의 차이 알기
					실습하기	말차시럽 만들기
					더하기	말차라떼 만들기

목차

Ⅰ 커피학개론 — 알면 알수록 신기한 커피의 세계

1차시	커피의 고향은 어느 곳일까	18
2차시	커피나무야 놀자	22
3차시	품종을 알면 더 맛있는 커피 이야기	27
4차시	같은 커피 생두끼리 모여라	31
5차시	맛과 향이 가득한 커피	37

Ⅱ 로스팅 — 눈으로 맛보는 커피 여행

6차시	수망 로스팅, 넌 누구니	44
7차시	원두로 완성하는 나만의 작품	51
8차시	언제 어디서나 즐길 수 있는 커피	57
9차시	커피향 가득한 손그림 세계	64

III 위생과 대인 서비스 — 카페, 커피를 만나는 곳

10차시	맛있는 커피의 시작은 개인위생으로부터	70
11차시	깨끗하게 정돈된 매장	74
12차시	어서오세요, 주문하시겠습니까	79

IV 커피 추출 — 커피를 요리하다

13차시	커피 추출의 첫걸음 에스프레소	86
14차시	커피의 심장 에스프레소	92
15차시	반짝반짝 부드러운 우유 거품	100
16차시	우유 거품 풍성한 카푸치노	105
17차시	에칭펜과 툴로 라떼아트 만들기	111
18차시	신기한 추출의 세계	116
19차시	집에서 마시는 에스프레소	123
20차시	커피가 과학이라고	129

V 메뉴 만들기 — 다양한 음료가 궁금해요

21차시	맛있는 한 끼 음료 만들기	136
22차시	달콤한 초콜릿라떼 만들기	140
23차시	싱그럽고 달콤 쌉쌀한 말차라떼 만들기	144

커피학개론
알면 알수록 신기한 커피의 세계

1차시	커피의 고향은 어느 곳일까
2차시	커피나무야 놀자
3차시	품종을 알면 더 맛있는 커피 이야기
4차시	같은 커피 생두끼리 모여라
5차시	맛과 향이 가득한 커피

1차시 커피의 고향은 어느 곳일까

학습 목표 커피의 고향과 카페모카의 유래를 안다.

학습 계획

차시 개관

이 차시에서는 커피의 고향과 전설 등 커피의 역사에 대해 알아보고 우리에게 잘 알려진 카페모카의 유래를 함께 알아보도록 한다. 커피의 정확한 기원이나 재배지명보다는 우리가 마시는 커피가 어떻게 유래되었는지 이야기와 활동에 중점을 두어 지도한다.

학습 자료

빈 상자, 원두, 커피 메뉴 사진, 칼디의 전설 그림 및 동영상 자료, 개인잔, 벨크리머, 에스프레소 머신, 초콜릿시럽, 얼음, 우유, 쟁반, 색연필, 가위, 풀 등
※ 에스프레소 머신이 없는 경우 시판용 카페모카 구입

학습 활동

1. 커피와 친해지기
2. 커피의 고향과 전설 알기
3. 카페모카와 마주하기

관련 자료

- 더스칼러빈 자료집
- 구글어스
  (http://earth.google.com)

Note	
	## 학습 활동

알기 　커피와 친해지기

■ 커피 원두를 탐색한다.

• 학생의 손이 들어갈 정도의 상자나 불투명한 봉투에 커피 원두를 담는다.

Q 상자 안에는 무엇이 들어 있을까요? 보지 말고 손을 넣어 만져보세요. 어떤 것이 들어있다고 생각하는지 이야기해 볼까요? 손에 감촉이나 향이 느껴지나요?

- 보지 않고 손으로만 만져서 어떤 것인지 이야기 나누기

Q 콩처럼 생긴 커피 생두를 볶으면 상자 안에 들어있는 것처럼 커피 원두가 돼요. 이 원두로 사람들은 커피를 만들어 마셔요.

■ 커피 메뉴 관련 사진을 보며 이야기 나눈다.

• 커피 메뉴 종류에 대해 살펴본다.

아메리카노　　　카페라떼　　　카페모카　　　카라멜마끼아또

> **수업 Tip**
> • 에스프레소 머신이 마련되어 있다면 커피 메뉴 중 몇 가지를 제조해 직접 맛볼 수 있도록 한다. 개인위생을 고려하여 개인잔을 준비한다.

Q 여러 가지 커피 메뉴를 소개할게요. 이 중에 보거나 마셔본 적이 있는 커피가 있나요? 나는 어떤 커피가 마음에 드는지 이야기해 볼까요?

- 내가 마셔본 커피나 마음에 드는 커피 이야기 나누기

펼치기 　커피의 고향과 전설 알기

■ 커피의 고향과 전설을 알아본다.

Q 고향이란 태어나서 자란 곳을 말해요. 친구들의 고향은 어디예요? 커피의 고향은 아프리카 대륙의 '에티오피아'라는 나라예요. 커피의 역사와 관련해서 에티오피아 커피에 대한 재미있는 이야기가 전해 내려오는데 함께 영상을 볼까요?

> **수업 Tip**
> • 구글어스(http://earth.google.com)를 활용하여 에티오피아의 위치, 지도, 자연환경 등을 검색하여 제시한다.

칼디의 전설

사람이 언제 처음으로 커피를 접했는지 정확히 알 수는 없어요. 그러나 칼디의 전설이 가장 널리 알려져 있어요. 아프리카라는 큰 대륙 안에 에티오피아라는 나라가 있어요. 무더운 지역이 많지요. 칼디는 에티오피아 사람이에요. 이름의 뜻은 '뜨겁다'예요. 에티오피아의 목동이었던 칼디는 자기가 기르던 염소들이 어떤 나무의 빨간 열매를 먹으면 밤늦게까지 잠을 자지 않고 활발하게 움직인다는 것을 알게 되었어요. 호기심에 칼디도 그 열매를 먹었더니 피곤함이 사라지고 정신이 맑아지면서 염소들과 함께 밤새도록 춤을 추었다고 해요. 그 후 이 사실이 수도사에게 알려지면서 이 열매를 갈아 물에 녹여 마시며 밤늦게까지 기도를 했다고 전해져요.

1차시 | 커피의 고향은 어느 곳일까　19

- 「칼디의 전설」 동영상을 시청한다.

염소가 커피나무에서 커피체리를 따 먹어요.

커피열매를 따 먹은 염소는
밤새도록 춤을 춰요.

다음 날 칼디가 커피나무에서
커피체리를 따 먹어요

칼디와 염소가 함께 춤추며 밤새 뛰놀아요.

- 에티오피아가 커피의 고향이라는 것을 다시 확인하기

활동하기 카페모카와 마주하기

■ 커피의 최초 경작지인 예멘에 대해 알아본다.

 커피 농사를 처음 시작한 나라는 예멘이에요. 예멘은 바다와 인접해 있어서 커피를 다른 나라로 보낼 수 있는 항구가 있었어요. 가장 유명한 항구가 모카항이에요. 그래서 사람들이 '예멘 커피'하면 '모카'를 떠올리게 되었어요.

- 예멘의 모카와 관련된 사진과 지도 등을 살펴본다.
  - 예멘의 모카와 관련된 사진과 지도 등 살펴보기

17세기 후반 모카항의 모습

예멘의 커피 경작지

바다와 인접한 예멘 모카지역

 모카항이 유명해지면서 사람들은 자연스럽게 예멘 커피를 '모카커피'라고 불렀어요. 모카커피는 초콜릿향으로 유명했는데, 이 때문에 '모카커피'는 초콜릿맛이 나는 커피로 알려지게 되었어요.

🔔 **수업 Tip**

- 기호에 따라 뜨거운 카페모카나 차가운 카페모카를 준비하고, 에스프레소 머신이 없는 경우에는 시판되는 차가운 카페모카를 구입하여 제공한다.

- 기호에 맞는 카페모카를 준비한다.
- 개인잔에 카페모카를 담고 맛보게 한다.

예 차가운 카페모카 만드는 법

① 아이스 컵에 얼음을 2/3 정도 채운다.

② 얼음이 채워진 아이스 컵에 우유 200ml를 붓는다.

③ 벨크리머에 초콜릿시럽 35~40g 정도를 담는다.

④ 초콜릿시럽이 담긴 벨크리머에 에스프레소 60ml를 추출한다.

⑤ 초콜릿시럽과 에스프레소를 스푼으로 잘 섞는다.

⑥ 잘 섞인 시럽과 에스프레소를 준비된 우유에 부어 카페모카를 완성한다.

- 카페모카를 맛본 느낌에 대해 이야기 나눈다.
  - 내가 느낀 카페모카의 맛을 표정으로 표현하기

평가	적극 참여	보통	참여 안 함
원두의 감촉과 향에 관심을 보이는가?	○	○	○
커피의 전설에 관심을 보이고 커피의 고향을 말하거나 따라 쓰는가?	○	○	○
카페모카의 유래를 알고, 카페모카를 맛본 느낌을 표현하는가?	○	○	○

2차시 커피나무야 놀자

학습 목표 커피체리의 구조와 명칭, 성장 과정을 바르게 연결한다.

학습 계획

차시 개관
이 차시에서는 커피나무 각 부위에 대해 살펴보고 커피나무 열매의 구조와 명칭, 성장 과정을 알아보고자 한다. 특히 우리 주변에서 쉽게 접할 수 없는 커피체리를 현장감 있게 알 수 있도록 구체적인 사진과 관련 영상 시청을 병행하고, 커피가 나무의 열매임을 인지할 수 있도록 지도한다.

학습 자료
커피나무 사진, 다양한 커피체리 사진, 재스민차, 커피체리 구조 그림, 커피생두, 풀, 가위 등

학습 활동
1. 커피나무 알기(나무, 잎, 꽃, 열매)
2. 커피체리 살펴보기(구조와 명칭)
3. 커피체리의 성장 과정 살펴보기

관련 자료
- 더스칼러빈 자료집

| Note | 학습 활동 |

알기 커피나무 알기(나무, 잎, 꽃, 열매)

■ 커피나무 사진을 본다.

 커피나무 사진이에요. 나뭇잎이 무슨 색인가요? 커피나무는 잎의 초록빛이 사계절 내내 변하지 않아요. 그래서 단풍이 들지 않지요. 커피나무의 수명은 매우 길어서 50년 이상 살고요, 꽃은 흰색이에요. 커피나무 열매는 노란색, 주황색 등도 있지만 대부분 빨간색이 많답니다.

• 커피나무의 잎, 꽃, 열매를 구분한다.

커피나무　　　　　잎　　　　　꽃　　　　　열매

- 커피나무의 잎, 꽃, 열매를 구분하여 적어보기

• 커피가 나무의 열매(과일)임을 인지시킨 후, 본인이 좋아하는 과일이 무엇인지 이야기 나눈다.
 - 내가 좋아하는 과일과 맛에 대해 친구들과 이야기 나누기

> **수업 Tip**
> • 재스민차를 마련하여 향을 맡게 한 후 뜨거운 물에 우려내어 다 같이 맛볼 수 있도록 한다.
> • 개인위생을 고려하여 개인잔을 준비하고 차를 마신 후에는 맛과 향에 대해 자유롭게 표현할 수 있도록 지도한다.

 커피꽃은 흰색으로 생김새와 향이 재스민과 비슷해 '아라비아의 재스민'이라고도 불려요. 이 중에 재스민차를 마셔보거나 이름을 들어본 적 있는 친구들이 있으면 이야기해 볼까요?

• 커피꽃과 재스민꽃의 모양과 색을 비교한다.

커피꽃　　　　　　　　　　　재스민꽃

- 재스민차에 대해 알고 있거나 마셔본 친구들이 있으면 이야기 나누기

펼치기 : 커피체리 살펴보기(구조와 명칭)

■ 커피체리의 구조와 명칭에 대해 알아본다.

 체리를 먹어본 적 있나요? 커피나무 열매는 체리와 색과 모양이 비슷해서 커피체리 혹은 체리라고 불러요. 하지만 크기는 체리보다 작아요. 그리고 체리는 열매의 과육을 먹지만 커피체리는 씨앗을 볶아 원두로 만든 후 음료로 만들어 마신다는 차이가 있지요.

커피체리 vs 체리

• 커피체리의 구조와 명칭을 알아본다.

 커피체리는 맨 바깥쪽의 겉껍질부터 맨 안쪽의 생두에 이르기까지 각각의 명칭이 있어요. 구체적으로 커피체리의 구조와 명칭에 대해 살펴볼게요.

수업 Tip
• 더스칼러빈 자료집에서 생두키트를 구입할 수 있다면 생두의 감촉, 향, 형태, 색깔 등을 직접 관찰할 수 있도록 지도한다.
• 여건이 되지 않는다면 더스칼러빈 자료집에서 관련 영상 및 사진을 통해 학습할 수 있게 한다.

커피체리   과육을 제거한 커피체리   커피체리의 구조

- 커피체리의 구조와 명칭 연결하기

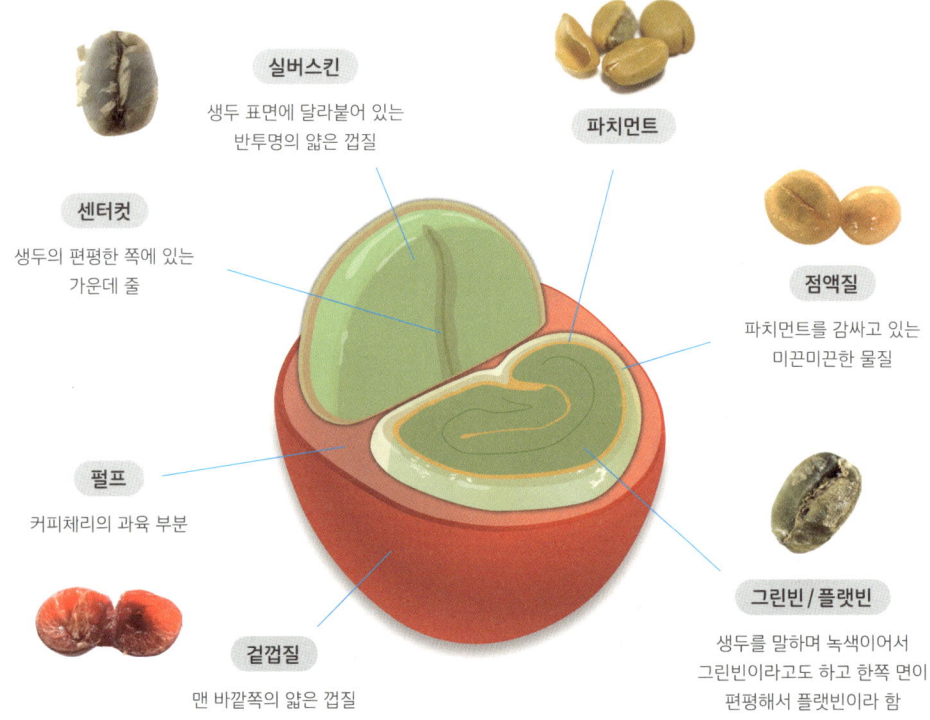

실버스킨 : 생두 표면에 달라붙어 있는 반투명의 얇은 껍질

센터컷 : 생두의 편평한 쪽에 있는 가운데 줄

펄프 : 커피체리의 과육 부분

겉껍질 : 맨 바깥쪽의 얇은 껍질

파치먼트

점액질 : 파치먼트를 감싸고 있는 미끈미끈한 물질

그린빈 / 플랫빈 : 생두를 말하며 녹색이어서 그린빈이라고도 하고 한쪽 면이 편평해서 플랫빈이라 함

> **활동하기** 커피체리의 성장 과정 살펴보기

■ 커피체리의 단계별 성장 과정에 대해 알아본다.

 커피꽃이 지고 나면 그 자리에서 커피열매가 자라기 시작해요. 커피열매는 아주 작은 크기에서 점점 커지고 색깔은 녹색에서 점차적으로 빨간색으로 변한답니다.

커피체리의 성장 과정

> **수업 Tip**
> - 커피열매가 자라기 시작해서 빨갛게 익기까지는 6~9개월이 걸린다.
> - 커피체리는 일시에 익지 않고, 과일이기 때문에 덜 익은 체리를 먹으면 떫은맛이나 안 좋은 맛이 날 수 있다는 것을 알게한다.
>   예) 안 익은 감을 먹으면 떫은맛이 나요.

• 커피체리의 성장 과정을 살펴본다.

 →  →  →

꽃눈이 맺힘 / 꽃눈이 자라 꽃봉오리가 됨 / 꽃이 핌 / 수정이 되면 꽃밥이 흰색에서 갈색으로 바뀜

→  →  →  →

수정 후 이틀 정도 지나면 꽃과 씨방이 분리됨 / 꽃은 말라서 떨어지고 씨방이 열매로 성장함 / 씨방은 두 달 정도 지나면 눈으로 구별이 가능함 / 이후 빠르게 성장함

- 커피나무 꾸미기

+ 보충 자료 커피 수확 방법

커피체리는 일시에 익지 않는다. 그래서 커피체리를 수확할 때는 익은 체리만 골라서 손으로 하나하나 따기도 하고, 덜 익은 체리가 섞여 있어도 나무줄기를 잡고 한 번에 훑어서 수확하기도 한다. 또한 기계로 수확하는 방법도 있다.

핸드피킹   스트리핑   기계수확

평가	적극 참여	보통	참여 안 함
커피나무의 잎, 꽃, 열매를 구분하는가?	○	○	○
커피체리의 구조와 명칭을 연결하는가?	○	○	○
커피체리의 성장 과정을 알고, 커피나무를 꾸미는 활동에 적극적으로 참여하는가?	○	○	○

3차시 품종을 알면 더 맛있는 커피 이야기

학습 목표 아라비카와 로부스타의 맛을 비교하고 구분한다.

학습 계획

차시 개관
이 차시에서는 커피의 대표적인 품종에 대해 알아보고 맛을 비교하여 구분할 수 있도록 구성하였다. 아라비카는 맛과 향이 뛰어나 커피 생산량의 60%를 차지하며 로부스타는 커피 생산량의 40%를 차지하는 대표적인 종이다. 현재 주로 재배되는 아라비카와 로부스타를 중심으로 형태(나무, 잎, 꽃), 생두, 맛을 비교하여 구분하는데 중점을 두어 지도한다.

학습 자료
아라비카 및 로부스타 생두키트, 드립백, 온수, 커피서버(머그컵), 믹스커피, 가는 체망, 면기, 쟁반, 데미타세, 가위 등
※ 에스프레소 머신이 있을 시 아메리카노를 제조하여 아라비카의 맛을 비교

학습 활동
1. 아라비카와 로부스타 구분하기
2. 아라비카와 로부스타 맛보기
3. 믹스커피에서 로부스타 분리하기

관련 자료
- 더스칼러빈 자료집
- 구글어스

학습 활동

알기 아라비카와 로부스타 구분하기

■ 아라비카와 로부스타를 탐색한다.

 사진의 꽃은 어떤 꽃일까요? 커피나무에서 피는 꽃이에요. 친구들은 두 개의 꽃 중 어떤 꽃이 더 마음에 드나요? 이 꽃이 떨어지면 그 자리에 열매가 맺혀요. 사람들은 이 열매의 씨앗을 이용해서 커피를 마셔요. 커피는 종류별로 각각 다른 맛이 나요.

아라비카 커피꽃

로부스타 커피꽃

- 아라비카와 로부스타의 꽃 사진을 제시하며 이야기 나눈다.
  - 꽃의 색깔, 꽃의 모양, 커피의 향이 더 좋을 것 같은 꽃 등에 대해 이야기 나누기

■ 아라비카와 로부스타를 비교한다.
- 사진을 보며 아라비카와 로부스타의 커피꽃, 커피체리, 생두를 비교한다.

커피꽃

아라비카 커피꽃

- 아라비카보다 로부스타 꽃이 더 크고 많이 모여서 피어요.
- 아라비카는 마디 쪽에서 2~12개가 피어요.
- 로부스타는 마디 쪽에서 8~20개가 피어요.

로부스타 커피꽃

커피체리

아라비카 커피체리

- 아라비카보다 로부스타 나무에서 체리도 더 많이 모여서 자라요.

로부스타 커피체리

생두

아라비카 생두

- 아라비카 생두는 길쭉해요. 편평한 쪽에 센터컷이 있고, 윗면이 오목해요.
- 로부스타 생두는 동그랗고 센터컷은 일자예요. 윗면도 평평해요.

로부스타 생두

- 사진을 보고 아라비카와 로부스타의 커피꽃, 커피체리, 생두 연결하기

> **수업 Tip**
> - 가능하다면 더스칼러빈 자료집에서 생두키트를 구입하여 아라비카와 로부스타의 생두를 학생들이 직접 만져볼 수 있도록 준비한다.

참고 자료

커피는 대부분 아프리카가 원산지이다. 커피는 80여 개의 종을 가지고 있고 그 중 코페아 아라비카, 코페아 카네포라, 코페아 리베리카를 커피의 3대 원종이라고 부른다. 이중 카네포라는 로부스타가 대부분을 차지하고 있어 로부스타라는 표현을 더 많이 사용하며, 현재 아라비카(60%)와 로부스타(40%)의 두 종이 주로 재배된다.

아라비카 생두   카네포라 생두   리베리카 생두

※ 본 교재에서도 카네포라 대신 로부스타로 표기한다.

펼치기 | 아라비카와 로부스타 맛보기

■ 아라비카와 로부스타의 맛을 비교한다.

• 아라비카는 드립백을 활용하고, 로부스타는 믹스커피를 활용하여 간편하게 추출한다.

아라비카

아라비카는 에티오피아에서 처음 발견되었어요. 맛과 향이 더 좋고 로부스타에 비해 값이 비싸요.

로부스타

로부스타는 아프리카 우간다에서 처음 발견되었어요. 향이 없고 쓴맛이 강하며 카페인도 아라비카보다 2배 정도 더 많아요. 인스턴트커피에 주로 사용해요.

– 드립백과 믹스커피를 활용하여 커피 추출하기

• 아라비카와 로부스타의 커피를 맛본다.

> **Q** 아라비카와 로부스타의 커피 맛을 볼까요? 커피에서 좋은 향이 나는 커피는 무엇인가요? 쓴맛이 강한 커피는 어떤 커피인가요? 여러분이 마시고 싶은 커피는 어떤 커피인가요?

수업 Tip

• 믹스커피 절개선 맞은 편의 설탕과 프림 부분이 섞이지 않도록 손으로 꽉 잡고 커피만 분리하여 개인잔에 적당량을 나누어 주고 맛을 볼 수 있도록 준비한다.

3차시 | 품종을 알면 더 맛있는 커피 이야기

아라비카	로부스타

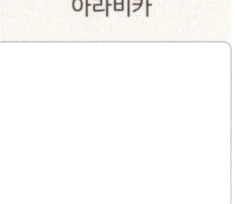  

- 아라비카와 로부스타 맛을 보고 얼굴 표정 붙임딱지 붙여보기

 활동하기   믹스커피에서 로부스타 분리하기

■ 믹스커피를 활용하여 로부스타를 분리한다.

Q 로부스타는 쓴맛이 강하기 때문에 설탕과 프림을 많이 넣어 마셔요. 그래서 주로 인스턴트커피를 만드는 재료가 돼요. 이 시간에는 체망을 이용하여 여러분이 직접 로부스타를 분리해 볼 거예요. 체망을 살살 조심스럽게 흔들어 주세요.

• 도구를 나누어 준 뒤, 학생별 또는 2명씩 짝을 지어 로부스타를 분리한다.

Q 로부스타를 분리하고 나니 그릇에 무엇이 남아 있나요? 생각보다 많은 양의 설탕과 프림이 보이죠? 로부스타의 쓴맛을 없애주기 위해서는 이렇게 설탕과 프림을 많이 넣어 마셔야 해요. 그래서 아라비카보다 로부스타가 들어있는 인스턴트커피를 마시면 살이 찔 수 있어요. 하지만 아리비카는 그 자체만으로 맛과 향이 있어서 많은 사람이 아라비카를 즐겨 마셔요.

- 믹스커피에서 로부스타를 분리하고 남은 설탕과 프림의 양 알아보기

 평가

	적극 참여	보통	참여 안 함
아라비카와 로부스타를 탐색하고 구분하는가?	○	○	○
아라비카와 로부스타의 맛을 알고 비교하는가?	○	○	○
믹스커피에서 로부스타를 분리하는가?	○	○	○

4차시 같은 커피 생두끼리 모여라

학습 목표 생두 분류에 대한 이해를 하고 크기별, 결점두 분류를 해본다.

학습 계획

차시 개관
이 차시에서는 커피의 품질을 균일하게 하기 위한 커피의 분류 방법에 대해 살펴보고자 한다. 커피 분류 동영상 및 사진 자료를 통해 나라마다 다른 커피의 분류 방법을 보다 실제적으로 알 수 있도록 하고, 학급에서는 종이로 된 핸드 스크리너와 결점두 키트를 이용하여 각각의 커피 분류 방법을 직접적으로 체험하도록 한다.

학습 활동
1. 커피의 분류 이해하기
2. 종이 핸드 스크리너로 크기별 생두 분류하기
3. 붙임딱지를 이용하여 결점두 분류하기

학습 자료
정상 생두, 결점두 키트, 결점두 사진 자료, 풀, 가위 등

관련 자료
- 더스칼러빈 자료집
- 스크리너 동영상
  (https://www.youtube.com/watch?v=Gl8nOZp5LNo)

학습 활동

알기 커피의 분류 이해하기

■ 커피의 분류 기준에 대해 알아본다.

• 커피 분류를 왜 해야하는지 알아본다.

> Q 생두는 커피 열매의 씨앗이기 때문에 그 모양과 품질이 다 달라요. 그래서 커피를 재배하는 국가에서는 결점두(문제가 있는 콩이나 이물질), 생두 크기, 커피가 재배되는 산의 높이 등 일정한 기준을 만들어 놓고 생두를 분류한답니다. 그리고 분류된 생두는 좋은 것부터 안 좋은 것까지 등급(순위)을 매겨요. 오늘은 커피의 분류 기준에 대해 알아보고 생두를 주어진 기준에 따라 분류해 보는 활동을 해볼게요.

- 본인이 좋아하는 과일을 먹었을 때 과일의 크기와 맛, 품질이 달랐던 경우에 대해 이야기 나누기

■ 생두 크기에 의한 분류를 알아본다.

> Q 같은 나라, 같은 나무, 같은 장소에서 재배된 커피체리라면 생두의 크기가 클수록 품질이 좋다고 여겨져요. 크기로 분류하는 대표적인 나라들은 콜롬비아, 케냐, 탄자니아 등이고 각 나라마다 부르는 명칭이 다르답니다. 이 나라들은 다른 나라들의 생두에 비해 크기가 커서 크기에 의한 분류가 가능하대요. 크기에 의한 분류 기준을 알아볼게요.

• 크기에 의한 분류 기준을 알아본다.

국가	최상위 등급	기준(스크린* 사이즈)
콜롬비아	Supremo	17/18
케냐	AA	17/18
탄자니아	AA	18
하와이	Extra Fancy	19

* 커피의 측정 단위를 말한다. 이는 체에 뚫려 있는 구멍의 크기를 뜻하는 것으로 스크린의 한 단위는 1/64인치, 약 0.4mm이다.

- 국가별 크기에 의한 분류 기준과 명칭 살펴보기

■ 결점두에 의한 분류를 알아본다.

> Q 결점두는 여러 가지 이유로 생두에 문제가 생겨서 상품으로의 가치가 없어진 커피나 커피 이외의 이물질 등을 말해요. 그럼 결점두에 의한 커피 분류도 알아볼게요. 일정한 양의 커피를 준비하고 그 안에 있는 생두 중에서 문제가 있는 콩을 분류하는 것인데, 분류된 문제 있는 결점두의 종류에 따라 점수로 환산하는 것이에요. 이렇게 결점두를 이용하여 커피를 분류하는 대표적인 나라는 브라질과 인도네시아입니다. 결점두에 대한 분류 기준을 알아볼까요?

수업 Tip

• 신선도가 다소 떨어지고 이물질을 제거하지 않은 포도 한 송이를 준비하여 한 송이의 포도 중에 쭈글쭈글해진 알, 썩은 포도알, 껍질이 벗겨진 포도알 등 문제가 있어 보이는 포도알을 분류하고 같은 종류끼리 나누어 본다. 포도가 아닌 다른 과일이나 곡물로 대체할 수 있다.

- 결점두에 의한 분류 기준을 알아본다.

국가	최상위 등급	결점두 점수
브라질	NY2	6
	No.2	4
인도네시아	Grade1	11

* NY는 뉴욕거래소의 상품거래 분류 방법임
* Grade는 줄여서 G나 Gr.로 표시함

- SCA*에 의한 결점두 분류 기준 살펴보기

	블랙빈	사우어 빈	드라이 체리 / 포드	펑거스 데미지	인섹트 데미지
형태	표면이 검은색을 띠는 콩으로 센터컷이 벌어져 있으며 크기가 작고 끝이 뾰족함	발효된 콩으로 노란색, 갈색, 붉은색을 띰	일부 혹은 전부가 마른 체리 껍질에 쌓여있는 콩	곰팡이에 의해 노란색이나 적갈색을 띤 콩	해충(커피베리보어러)이 구멍을 한 개나 여러 개 뚫어 놓은 콩
발생 원인	너무 늦은 체리 수확, 체리가 흙과 접촉 시 미생물에 의한 과발효	너무 익은 체리나 땅에 떨어진 체리의 수확, 가공 과정 시 오염된 물의 사용, 습도가 높은 상태에서 나무에 체리가 계속 달린 채 발효됨	- 워시드 커피: 잘못된 펄핑, 플로터 제거 안 됨 - 내추럴 커피: 잘못된 탈곡이나 분류	수확에서 보관까지 곰팡이가 성장할 수 있는 온도와 습도가 유지됨	체리가 나무에 달렸을 때 해충이 구멍을 뚫고 들어가 알을 낳음

	포린 매터	파치먼트	플로터	언라이프 / 이머춰	위더드 빈
형태	돌이나 나뭇가지 등 커피 이외의 이물질	건조된 파치먼트가 완전히 혹은 부분적으로 감싸고 있는 콩이나 파치먼트 조각	하얗거나 색이 바랬고 가벼워서 물에 뜨는 콩	일반 콩보다 크기가 작고 끝이 뾰족하며 오목한 형태를 띠는 콩으로 황록색의 실버스킨이 단단하게 붙어있음	건포도와 같이 주름졌으며 작고 기형인 콩
발생 원인	수확이나 선별 과정에서 제거되지 않음	워시드 커피의 불완전한 탈곡	부적절한 보관이나 건조	미성숙한 체리의 수확	성장 기간에 수분 공급 부족

	셸	브로큰 빈	헐 / 허스크
형태	분리된 조개나 귀 모양의 콩	깨진 콩이나 콩 조각	짙은 색을 띤 마른 펄프 조각
발생 원인	유전적 원인으로 결합력이 약한 콩이 탈곡 과정에서 두 쪽으로 분리됨	펄핑이나 탈곡 시 장비의 잘못된 조정이나 콩에 과도한 압력이 가해짐	

* SCA: 미국스페셜티커피협회(SCAA)가 2017년 유럽스페셜티커피협회(SCAE)와 연합하여 새롭게 출범한 기구임
* 「그린빈 인사이드」(유대준, 박은혜, 2020)중 SCA의 결점두 분류표를 수정 인용함

펼치기 | 종이 핸드 스크리너로 크기별 생두 분류하기

■ 크기 분류를 왜 해야 하는지 알아본다.

Q 커피를 재배하는 나라들은 커피를 수출해서 돈을 벌어요. 그래서 커피의 품질이 매우 중요하답니다. 같은 커피여도 크기가 큰 것이 품질이 좋게 여겨진다고 했지요. 그래서 케냐, 탄자니아, 콜롬비아 같은 나라들은 크기로 커피 생두를 분류하는데요, 크기가 큰 것은 다른 나라로 수출을 하고 크기가 작은 것은 국내에서 소비를 한답니다.

• 같은 종류의 과일인데 크기가 많이 차이나는 경우를 보았던 경험이 있으면 이야기 나눈다.

■ 스크리너에 대해 알아본다.
  • 스크리너로 커피가 분류되는 동영상을 시청한다.

Q 크기 분류는 스크리너라고 불리는 기구를 사용합니다. 이 스크리너는 동영상에서 보았듯이 여러 개의 체로 구성되어 있고요. 크기가 작은 것부터 쌓아져 있답니다. 커피가 재배되는 국가의 대형 커피 농가에서는 크기가 큰 전동 스크리너로 대용량의 커피를 한 번에 분류할 수 있고요, 생두 샘플을 측정할 때는 핸드 스크리너라고 하는 작은 스크리너를 사용합니다.

> **수업 Tip**
> • 스크리너는 생두를 분류하는 체망을 일컫는다.

전동 스크리너

- 동영상과 사진 자료를 통해 전동 스크리너와 핸드 스크리너 살펴보기

■ 종이 핸드 스크리너를 이용하여 생두를 3단계 크기별로 분류한다.

Q 핸드 스크리너는 크기와 모양, 재질이 다양합니다. 손잡이가 있는 것도 있고 손잡이가 없는 것도 있어요. 크기가 큰 것도 있고 작은 것도 있고요. 보통 커피를 로스팅하시는 분들이 소량의 생두를 측정할 때 사용하지요. 우리도 종이 핸드 스크리너를 이용해서 크기별로 생두를 분류해 볼까요?

핸드 스크리너

> **수업 Tip**
> • 워크북에서 제공하는 종이 핸드 스크리너가 찢어지지 않도록 주의한다.
> • 스크리너를 흔들어서 생두가 잘 통과하지 않으면 손으로 살살 생두를 저어준다.

부천혜림학교 학교기업 혜림커피 바리스타 직업체험 중 스크리너 체험

• 3단계 종이 핸드 스크리너로 생두 크기를 분류한다.
  - 생두를 맨 위 칸에 넣기
  - 생두가 잘 통과할 수 있도록 종이 핸드 스크리너를 좌우로 충분히 흔들기
  - 각 층의 생두를 꺼내 크기 비교하기

34 I. 커피학개론 | 알면 알수록 신기한 커피의 세계

활동하기 붙임딱지를 이용하여 결점두 분류하기

■ 결점두를 왜 분류해야 하는지 알아본다.

> Q 결점두는 상품으로의 가치가 없어진 커피이므로 판매할 수 없어요. 만약 여러분이 마트에 가서 먹을 수 없는 상한 과일을 구입했다면 기분이 좋지 않겠지요? 그리고 곰팡이가 피거나 훼손된 과일, 이물질 등으로 인해 오염된 과일 등을 섭취하면 건강에도 좋지 않아요. 커피도 마찬가지랍니다. 결점두가 섞여 있는 커피를 마시면 맛도 좋지 않고, 건강에도 좋지 않아요. 또 결점두가 섞여 있는 커피를 판매하는 사람 입장에서는 좋은 값을 받을 수도 없어요. 그래서 결점두는 꼭 분류하는 것이 좋아요.

- 상한 과일을 먹어보았거나 사보았던 경험이 있으면 이야기 나눈다.
  - 상한 과일을 먹어보았다면 맛이 어떠했는지 이야기 나누기

■ 기계를 이용한 분류와 손을 이용한 분류의 차이를 알아본다.

> Q 결점두는 보통 색깔로 분류해요. 커피가 생산되는 곳에서는 기계를 통해 빛을 쬐어 정상 생두의 색깔과 비교하고 문제가 있는 생두를 제거하지요. 여러 가지 기계 중에서 자외선 형광분류기는 자외선을 쬐어 눈으로 보이지 않는 곰팡이가 생긴 생두도 골라낼 수 있어요. 핸드 소팅은 기계에서 제거되지 못한 깨진 콩이나 썩은 콩 등을 눈으로 보면서 하나하나 제거하는 것을 말해요.

결점두 제거기   자외선 형광분류기   핸드 소팅

- 기계 분류와 핸드 소팅의 차이를 알아본다.
  - 핸드 소팅을 왜 해야 하는지 알아보기

■ 붙임딱지를 활용하여 결점두를 분류하여 본다.

> Q 이제는 결점두를 직접 손으로 제거해보려고 해요. 워크북에 보면 결점두 붙임딱지가 많이 있어요. 그리고 결점두 분류판도 있지요? 그 결점두판에 보이는 것과 똑같은 결점두 붙임딱지를 찾아서 같은 것끼리 붙여보는 거예요. 잘 할 수 있겠지요?

- 붙임딱지를 활용하여 결점두를 분류하는 활동에 참여한다.

| 블랙빈
(검은콩) | 사우어 빈
(연한 갈색 콩) | 드라이 체리/포드
(마른 커피체리) | 플로터
(하얗거나 색이 바랜 콩) |

- 같은 종류의 결점두를 찾아 붙임딱지 붙여보기

수업 Tip

- 결점두의 이름, 색깔, 외관적 특징을 잘 설명하여 학생들이 같은 것끼리 잘 찾을 수 있도록 지도한다.

> **예**
> - 블랙빈은 까만 색이에요.
> - 플로터는 하얗거나 색이 바랜 것 같은 느낌을 주어요.
> - 인섹트 데미지는 벌레가 먹어서 구멍이 뚫려 있어요.
> - 브로큰 빈은 콩이 깨진 거예요.
> - 셸은 가운데에 큰 구멍이 나 있어요. 등

- 결점두의 이름 자체가 한글이 아니어서 발음하기 어려울 수 있으므로 반복해서 말해주고 발음해 볼 수 있도록 한다.

+ 보충 자료 재배 고도에 의한 분류

커피는 높은 산에서 재배될수록 커피의 맛과 향이 뛰어나다. 높은 곳에서 재배된 커피는 수확량이 적어서 낮은 곳에서 재배된 커피에 비해 당연히 값도 비싸고 등급도 높게 매겨진다.

국가	최상위 등급	기준(m)
과테말라	SHB (Strictly Hard Bean)	1,350 이상
코스타리카		1,200 이상
파나마		1,200~1,800
멕시코	SHG (Strictly High Grown)	1,200~1,800
온두라스		1,350 이상
엘살바도르		1,200 이상

「All New 커피 인사이드」 p.96~97 수정 인용함

평가	적극 참여	보통	참여 안 함
커피의 분류에 대해 이해하는가?	○	○	○
종이로 된 핸드 스크리너를 사용하여 크기별로 생두를 분류하는가?	○	○	○
붙임딱지를 활용하여 결점두를 종류대로 분류하는가?	○	○	○

5차시 맛과 향이 가득한 커피

학습 목표 커피의 맛과 향이 있음을 알고 향미표를 완성한다.

학습 계획

차시 개관

이 차시에서는 커피마다 각각의 맛과 향이 있다는 것을 알고 향미표를 통해 다양한 맛과 향을 구분할 수 있도록 구성하였다. 비교적 뚜렷하게 구분할 수 있는 두 원두(에티오피아, 브라질)를 중심으로 학생이 직접 원두의 향을 맡아보고 맛을 경험할 수 있는 기회를 제공하며 단순화 한 향미표를 완성하도록 지도한다.

학습 자료

사이다, 콜라, 불투명 텀블러 2개, 에티오피아·브라질 원두 [수업용 키트 : 더스칼러빈 자료집에서 구매 가능], 드립백 커피, 온수, 드립포트, 커피서버(머그컵), 데미타세, 색연필 등

※ 에스프레소 머신과 원두가 있다면 직접 추출하여 맛을 비교

학습 활동

1. 음료(사이다, 콜라)의 맛을 보고 반응하기
2. 향미표(커피 플레이버휠)를 알고 에티오피아와 브라질 커피의 향미 비교하기
3. 나만의 커피 향미표 완성하기

관련 자료

- 더스칼러빈 자료집

학습 활동

알기 음료(사이다, 콜라)의 맛을 보고 반응하기

■ 사이다와 콜라 맛을 비교한다.

여러분 앞에 두 개의 음료가 있어요. 음료의 맛을 보기 위해 먼저 우리는 두 가지 약속을 할 거예요. 첫째, 음료의 색깔을 보지 않아요. 둘째, 음료의 향을 맡지 않아요. 두 가지 약속을 지킬 수 있을까요? 코를 막고 맛을 본 후 두 음료가 어떤 음료인지 이름을 말해 볼까요?

- 불투명한 용기에 담긴 두 음료의 맛을 본다.
- 음료의 맛을 보고 어떤 음료인지 느낌과 맛을 이야기 나눈다.
  - 음료의 맛이 느껴졌는지 이야기 나누기
  - 음료의 맛이 느껴졌다면 무슨 맛이었는지 이야기 나누기

> 🔔 **수업 Tip**
> - 사이다와 콜라의 색과 향을 구분하지 못하도록 불투명한 텀블러 용기나 테이크아웃 컵에 음료를 각각 담는다. 위생을 고려하여 개인잔을 나누어 주거나 개인용 빨대를 사용할 수 있도록 한다.
> - 교사가 먼저 시범을 보이고, 학생 자신의 손으로 코를 막을 수 있도록 한다.

코를 막고 음료를 마셔보니 무슨 음료인지, 어떤 맛인지 잘 느껴지지 않지요? 왜냐하면 맛과 향은 동시에 느껴지고, 맛을 결정하는 것은 아주 적은 양의 향이기 때문이에요. 그래서 코를 막고 음식을 먹으면 약간의 맛만 감지하고 정확히 무슨 음식인지는 알지 못한답니다. 코감기에 걸려 코가 꽉 막혔을 때 음식을 먹으면 무슨 맛인지 잘 느끼지 못하는 것과 같은 거예요.

> 🔔 **수업 Tip**
> - 맛과 향은 따로 느껴지지 않고 동시에 느껴지는 감각이다. 이처럼 동시에 맛과 향을 느끼는 감각을 '플레이버'라고 한다.

■ 여러 가지 음료를 마셔보고 특징을 적어본다.

이처럼 사람들은 코로 향을 맡고, 입으로 맛을 느껴요. 커피도 마찬가지예요. 커피에서 나는 다양한 향과 맛을 코와 입이 인식하지요. 어떤 커피에서는 꽃향, 과일향, 풀향이 나기도 하고, 오렌지와 같은 신맛, 다크초콜릿 같은 단맛이 느껴지기도 한답니다. 커피 이외에도 우리가 쉽게 마시는 여러 가지 음료는 각기 다른 색과 향, 맛을 지니고 있지요? 각각의 음료에는 어떤 특징이 있을까요?

- 주변에서 쉽게 접할 수 있는 여러 가지 음료에는 무엇이 있는지 생각해본다.
  - 여러 가지 음료를 마셔보고 색과 향, 맛의 특징 적어보기

커피

오렌지 주스

포도 주스

펼치기 향미표(커피 플레이버휠)를 알고
에티오피아와 브라질 커피의 향미 비교하기

■ 커피 향미표를 보고 커피 맛과 향의 종류를 알아본다.

 커피에는 다양한 향이 있다고 했어요. 커피의 맛에도 신맛, 짠맛, 단맛, 쓴맛의 4가지 기본 맛이 합쳐져서 다양하게 나타난답니다. 이러한 네 가지 맛은 항상 일정하게 느껴지지 않고 온도 등 여러 가지의 변화에 따라 다르게 느껴져요. 커피 향미표를 보며 대표적인 커피의 맛과 향을 알아볼까요?

• 커피 향미표를 제시하고 어떤 맛과 향이 있는지 살펴본다.

- 커피 향미표에서 내가 느껴본 맛과 향이 있는지 살펴보기

■ 에티오피아와 브라질 커피의 향을 비교한다.

Q 두 개의 커피 향을 맡아 볼 거예요. 커피의 향을 맡아보고 어떤 커피에서 과일향이나 꽃향이 나는지, 고소한향이 나는 커피는 어떤 커피인지 비교해 볼게요.

• 드립백의 상단을 뜯어 커피의 향을 맡게 한 후 어떤 향이 나는지 이야기 나눈다.

> 🔔 **수업 Tip**
> • 로스팅한지 오래된 원두를 제공하기보다는 갓 볶은 원두나 드립백을 준비하여 커피의 향을 구분할 수 있도록 한다.

| 에티오피아 원두 | 향 | 브라질 원두 |
| 과일향, 꽃향 | | 견과류향, 고소한향 |

- 향미표의 표현을 참고하여 에티오피아와 브라질 커피의 향 비교하기

■ 에티오피아와 브라질 커피의 맛을 비교한다.

• 두 개의 커피는 드립백 커피를 활용하여 간편하게 추출한다.
• 학생 개인별로 2개의 잔을 나누어 주고 에티오피아와 브라질 커피의 맛을 비교한다.

Q 향을 맡아본 드립백 커피에 물을 부어주면 커피를 맛볼 수 있어요. 커피에서 어떤 맛이 나는지 비교해 볼까요?
사람마다 좋아하는 커피의 맛과 향이 다 달라요. 여러분은 어떤 커피가 더 좋은지 이야기해 볼까요?

> 🔔 **수업 Tip**
> • 드립백 추출 방법은 8차시를 참고한다.

| 에티오피아 원두 | 맛 | 브라질 원두 |
| - 새콤달콤한 과일맛
- 단맛과 신맛 | | - 고소한 견과류맛
- 다크 초콜릿 같은 단맛 |

- 향미표의 표현을 참고하여 에티오피아와 브라질 커피의 맛 비교하기

활동하기 나만의 커피 향미표 완성하기

■ 커피 향미표를 보고 커피에서 나는 맛과 향의 종류를 알아본다.

 커피 향미표의 맛과 향이 비슷한 과일, 꽃, 견과류 등의 붙임딱지를 찾아 향미표 옆에 붙여볼까요?

• 커피 향미표에서 맛과 관련한 과일, 꽃, 견과류 등을 같은 부류끼리 살펴본다.

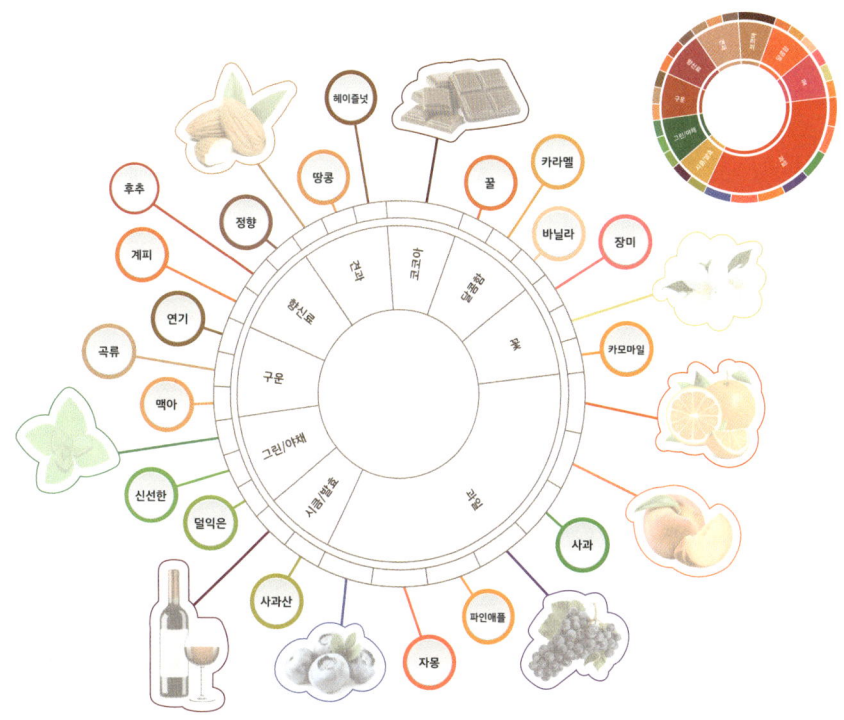

— 맛과 관련한 대표적인 과일, 견과류 등의 붙임딱지 붙이기

■ 커피 향미표를 보고 '나만의 커피 향미표'를 완성한다.

• 커피 향미표를 보고 워크북의 향미표 도안에 같은 색상을 찾아 색칠한다.
  — 완성된 향미표를 보고 내가 가장 좋아하는 맛과 향에 대해 발표하기

평가	적극 참여	보통	참여 안 함
음료에는 맛과 향이 있다는 것을 아는가?	○	○	○
제공된 커피의 맛과 향을 비교하는가?	○	○	○
나만의 커피 향미표를 완성하고 내가 좋아하는 맛과 향을 발표하는가?	○	○	○

! 수업 Tip

• 학생의 수준에 따라 향미표와 똑같이 완성하게 하거나 자신이 원하는 색으로 자유롭게 색칠할 수 있도록 한다.

5차시 | 맛과 향이 가득한 커피

MEMO

로스팅
눈으로 맛보는 커피 여행

6차시	수망 로스팅, 넌 누구니
7차시	원두로 완성하는 나만의 작품
8차시	언제 어디서나 즐길 수 있는 커피
9차시	커피향 가득한 손그림 세계

6차시 수망 로스팅, 넌 누구니

학습 목표 수망 로스팅한 원두로 커피를 추출하여 맛을 본 후 그 느낌을 표현한다.

학습 계획

차시 개관
이 차시에서는 로스팅의 의미를 알고 생두에서 원두가 되는 과정을 구체적이고 실제적으로 살펴보도록 한다. 주변에서 쉽게 접할 수 있는 도구들이 로스팅 기구가 될 수 있음을 알게 하고, 특히 수망을 이용하여 로스팅하면서 생두의 색상과 향이 변화하는 과정을 직접 탐색하도록 한다. 이후 로스팅의 최종 결과물인 원두를 가지고 커피를 추출하여 맛을 평가한다.

학습 자료
브라질 생두 및 원두[수업용 키트: 더스칼러빈 자료집에서 구매 가능], 수망 로스터, 집게, 장갑, 부르스타, 나무주걱, 저울, 선풍기, 채반, 트레이, 그라인더(핸드밀, 가정용 믹서기 등), 드립 추출 도구(커피메이커), 저울, 계량스푼, 가위, 풀 등

학습 활동
1. 로스팅의 이해
2. 수망 로스팅 해보기
3. 수망 로스팅한 원두 맛보기

관련 자료
• 더스칼러빈 자료집

| Note | 학습 활동 |

알기 로스팅의 이해

■ 로스팅의 개념을 알아본다.
- 로스팅 동영상을 시청한다.

 로스팅은 커피 씨앗 즉, 생두에 열을 가해 원두로 변화시켜주는 과정이에요. 생두는 아무런 맛과 향이 없지만 열을 가해주면 색깔이 변화하면서 다양한 맛과 향이 난답니다. 그래서 로스팅을 하는 거예요. 생두를 로스팅하여 원두가 되면 색깔은 점점 짙은 갈색으로 변하고 크기는 커지면서 무게는 가벼워져요.

> **수업 Tip**
> • 생두에 열이 가해지면 그 안의 수분이 증발하면서 밀도가 약해진다. 원두를 씹어 먹게 하여 커피가 먹을 수 있는 식품인 것과 잘 부서진다는 것을 알게 한다.

- 생두와 원두를 비교한다.
  - 눈으로 색깔과 크기 비교하기
  - 손 위에 올려 무게 비교하기

생두   원두

■ 로스팅에 필요한 기구를 알아본다.

 로스팅을 하려면 로스팅을 할 수 있는 기구가 필요해요. 공장이나 카페 같은 곳에서는 큰 머신을 사용하고요, 집에서는 후라이팬, 도기, 수망 등을 이용하기도 하지요. 로스팅은 열과 열을 닿게 해줄 수 있는 기구만 있다면 다 가능하답니다. 혹시 음식을 볶아본 친구들이 있으면 이야기해 볼까요?

> **수업 Tip**
> • 로스터(roaster)는 로스팅 머신을 의미하기도 하며 로스팅 하는 사람을 뜻하기도 한다.

- 야채를 볶아보거나 음식을 해본 경험을 이야기 나눈다.
- 로스팅 기구에 대해 알아본다.
  - 소형 로스팅 기구, 대형 로스팅 기구 등에 대해 알아보기

핸드 로스터   수망 로스터   가정용 로스터   업소용 로스터 - 기센 6kg

| 펼치기 | 수망 로스팅 해보기 |

■ 수망 로스팅에 필요한 도구와 주의점을 알아본다.

 로스팅은 열과 열이 닿는 기구만 있으면 다 가능하다고 했지요? 오늘은 수망 로스터를 이용하여 홈 로스팅을 해보려고 해요. 그런데 수망 로스터만 있다고 해서 로스팅을 할 수 있는 것은 아니에요. 그 밖에도 여러 가지 도구들이 필요하답니다. 어떤 것들이 필요한지 알아볼까요?

• 수망 로스팅에 필요한 도구들을 알아본다.
  - 수망 로스터, 전자저울, 종이컵, 생두, 부르스타, 집게, 면장갑, 나무주걱, 채반 등

수망 로스팅에 필요한 도구들

• 수망 로스팅을 할 때 사전 주의점을 알아본다.

 로스팅은 열을 이용하기 때문에 화상의 위험이 있어요. 그래서 반드시 안전에 유의하며 작업을 해야 합니다. 그럼 어떤 점에 주의해야 하는지 알아보도록 해요.

수망 로스팅 사전 주의점

- 화상의 위험이 있으므로 장갑 끼기
- 부르스타는 평평하고 안전한 곳에 올려놓기
- 각 과정에서 안전사고에 유의하며 지도하기

■ 수망 로스팅의 방법을 알아본다.

 수망 로스팅을 할 때는 골고루 열이 전달되도록 하는 것과 쉬지 않고 흔들어 커피콩이 타지 않게 해주는 것이 중요합니다. 시간이 지날수록 커피콩이 빠르게 타기 시작하니까 신속하게 흔들어 주어야 하고요. 수망을 흔들 때는 수망의 앞쪽 면을 이용하여 커피콩이 계속 뒤집히도록 해주는 것도 매우 중요하답니다. 그럼 수망 로스팅 동영상을 본 후에 같이 수망을 흔들어 볼까요?

- 수망 로스팅 동영상을 시청한다.
- 수망 로스팅을 할 때 수망 회전 방법에 대해 알아본다.

수망 회전 방법 1	수망 회전 방법 2
불에서 벗어나지 않으면서 앞뒤로 흔들어 고르게 화력 전달하기	커피콩이 잘 섞이도록 적절히 수망 회전시키기

- 수망 회전 방법 1, 2 연습하기

■ 수망 로스팅으로 직접 로스팅을 해본다.

 이제는 브라질 내추럴 커피로 수망 로스팅을 해볼 거예요. 시간이 지나면 커피콩의 색깔과 향이 변할 거고요, 어느 순간에는 팝콘이 터지는 것과 같은 소리도 날 텐데 이 소리는 생두의 센터컷이 벌어지면서 나는 소리로 '크랙'이라고 해요.

센터컷

- 수망 로스팅을 할 때 과정상 주의점을 알아본다.

수망 로스팅 과정상 주의점

- 수망에서 생두가 튀어나가지 않도록 뚜껑을 집게로 고정하고 화력은 중불로 시작하며 중간중간 화력이 일정한지 점검하기
- 첫 번째 크랙이 발생할 때 커피 고유의 향을 맡을 수 있도록 지도하고 화력도 조금 줄여주기
- 두 번째 크랙에서도 불을 조금 더 줄여 커피가 타지 않도록 하고 연기가 나면 로스팅 종료하기
- 로스팅이 끝난 후 불을 끄면 가스가 새지 않도록 중간 밸브 잠구기
- 막 로스팅 된 원두는 매우 뜨거우므로 바로 채반에 옮겨 충분히 식혀주기
  ※ 선풍기가 있다면 선풍기 앞에서 빠르게 식혀주어도 좋음

- 수망 로스팅의 과정을 알아본다.

집게로 수망 로스터 뚜껑 고정하기	커피콩 색깔이 노란빛으로 바뀜
커피콩 색깔이 계피색으로 바뀜	1차 크랙이 시작되면 화력 조금 줄이기
연기가 나면 곧바로 로스팅 종료하기	실온이 될 때까지 식혀주기

수업 Tip

- 팔의 힘이 떨어지면 수망을 떨어뜨리거나 움직임이 느려져 로스팅 결과에 영향을 끼칠 수 있고, 안전사고가 일어날 수 있으므로 안전에 유의한다.
- 모둠 편성을 해주어 2~3분 간격으로 타이머를 설정해 놓고 돌아가며 수망을 흔들 수 있도록 하여 학생들의 활동에 대한 부담감은 줄여주면서 협동심을 길러주는 것도 좋다.

- 수망 로스팅의 방법과 과정을 지켜 실습에 참여한다.
  - 크랙 소리에 유의하며 수망 로스팅 실습에 참여하기

활동하기   수망 로스팅한 원두 맛보기

■ 로스팅된 브라질 내추럴 원두를 씹어 먹어본다.

> Q 생두는 매우 딱딱해서 씹어 먹을 수가 없어요. 그런데 생두가 원두가 되면 부서지기 쉬운 상태로 변화한답니다. 원두를 씹어 먹어보면 커피에서 나는 다양한 맛을 느낄 수가 있어요. 방금 로스팅한 브라질 내추럴 원두를 씹어 먹어보세요. 무슨 맛이 나나요?

브라질 내추럴 원두

- 로스팅된 원두를 씹어 먹어본다.
  - 씹어 먹어본 원두의 맛에 대해 이야기 나누기

■ 로스팅된 브라질 내추럴 원두로 커피를 추출하여 마셔본다.

> Q 로스팅된 원두로 이제는 커피를 만들 거예요. 먼저 여과지를 드리퍼에 올려놓아 주세요. 그리고 원두를 두 스푼(20g)분쇄해서 드리퍼에 담아준 후 뜨거운 물을 부어주세요. 커피가 200ml가 되면 드리퍼를 제거하고 커피를 커피잔에 따라서 마시면 됩니다. 선생님과 같이 커피를 추출해 볼까요?

- 수망 로스팅된 원두를 핸드드립으로 추출하여 맛을 본다.
  - 커피가 추출되는 모습을 붙임딱지로 붙여보기

■ **커피를 마신 후 커피 맛의 느낌을 표현한다.**

> Q 원두를 씹어보았을 때 느껴졌던 맛이 커피에서도 똑같이 느껴졌나요? 돌아가면서 커피 맛이 어땠는지, 혹시 연상되는 과일이나 견과류가 있었다면 어떤 것이었는지 이야기 나누어 봅시다.

- 커피 맛의 느낌을 연상되는 과일이나 견과류로 표현한다.
  - 커피 맛을 보고 연상되는 과일이나 견과류에 O표 하기

수업 Tip
- 교사가 먼저 시범을 보인다.
- 대부분의 학생들은 원두는 먹지 못하는 것이라고 생각한다. 커피는 나무의 열매이고, 원두는 커피 열매의 씨앗을 볶은 것이므로 먹어도 된다고 충분히 설명해준다.

수업 Tip
- 핸드드립 추출 방법은 18차시를 참고한다.

수업 Tip
- 칼리타 드립 세트(101~102)를 기준으로 하되 추출 기구가 없는 경우 커피메이커(혹은 구비되어 있는 타 드립 도구)로 대체한다. 커피 추출 수업이 아니므로 추출 순서와 방법을 지키는 것보다 물과 커피의 비율을 맞춰 일관된 커피를 맛볼 수 있도록 지도한다.
- 교사가 먼저 시범을 보이고, 학생 스스로 커피를 추출할 수 있도록 한다.
- 뜨거운 물에 화상을 입지 않도록 안전사고에 유의한다.

+ 보충 자료 1차 크랙과 2차 크랙

로스팅 시 커피콩 내부의 온도가 상승하여 190~200°C에 다다르면 커피콩의 세포에 있는 수분이 기화하면서 엄청난 압력이 발생된다. 이로 인해 커피콩의 가장 약한 부분인 센터컷이 벌어지면서 파열음이 들리는데 이것이 바로 1차 크랙이다. 1차 크랙이 끝나면 2차 크랙이 시작되기 전까지 휴지기를 거치고 이후 커피콩의 온도가 215~220°C에 다다르면 커피콩은 보다 바삭 해지고 세포 내에 형성된 이산화탄소, 일산화탄소, 질소산화물 같은 가스의 압력과 결합하여 세포 조직의 파괴가 발생한다. 이것이 2차 크랙으로 1차 크랙에 비해 더 소리가 크고 연속적으로 나며 커피콩의 색깔은 갈색에서 짙은 갈색으로 바뀌고 부피도 더욱 팽창한다.

1차 크랙

2차 크랙

「All New 커피 인사이드」 p. 163 수정 인용함

+ 보충 자료 브라질 커피의 특성

브라질은 품질이 뛰어난 커피도 지역에 따라 많이 생산되지만 일반적으로 뚜렷한 개성이 있는 커피라기보다는 단조롭고 중성적인 커피라고 일컬어지고 있으며 때문에 싱글 오리진보다는 대부분 블렌딩 커피에 사용되고 있다. 또 다양한 지역에서 생산되어 지역별로 품질의 차이가 매우 큰 편인데 각 지역별 커피를 혼합하여 '카페 도 브라질'(Cafés do Brasil)이라는 브랜드로도 판매하고 있다.

　브라질 커피에서 가장 많이 생산되는 내추럴 커피는 강한 바디를 지니고 있고 로스팅 정도에 따라 너티(nutty)향이나 초콜릿향을 느낄 수 있으며 단맛이 좋지만 밝고 분명한 느낌의 신맛은 가지고 있지 않다. 또 중앙아메리카 지역의 커피에 비해 깔끔함이 덜 하며 약간의 쓴맛이 뒤쪽에 느껴지기도 한다. 옐로 버번은 바디가 약하고 좀 더 부드러우며 강한 단맛과 함께 헤이즐넛향 그리고 밀크 초콜릿향을 느낄 수 있다.

「그린빈 인사이드」 p. 218~219 발췌

평가	적극 참여	보통	참여 안 함
로스팅의 개념을 이해하는가?	○	○	○
수망 로스팅 활동에 적극적으로 참여하는가?	○	○	○
로스팅한 커피를 맛보고 그 느낌을 구체적으로 표현하는가?	○	○	○

7차시 원두로 완성하는 나만의 작품

학습 목표 단계별로 로스팅된 원두의 색상을 비교하고 밑그림에 자유롭게 원두를 붙여 나만의 작품을 완성한다.

학습 계획

차시 개관

이 차시에서는 생두와 원두 각각의 색깔, 무게, 크기를 중심으로 직접 만져보며 차이점을 살펴보고 그중 로스팅이 진행됨에 따라 변하는 생두의 색상을 구체적으로 비교해 보도록 한다. 이후 로스팅 단계에 따른 원두와 밑그림 도안, 목공풀을 사용하여 본인이 원하는 작품을 만들어보고 감상함으로써 미적 감수성을 기를 수 있게 하고 우리가 마시는 커피가 미술작품의 재료가 될 수 있다는 것도 알게 한다.

학습 활동

1. 생두와 원두 비교하기
2. 로스팅 8단계의 색상 변화 알기
3. 원두를 이용하여 나만의 작품 만들기

학습 자료

생두 및 원두 샘플, 로스팅 단계에 따른 원두 5가지 종류, 커피 트레이, 흰 도화지, 목공풀, 그림 도안 등
※ 생두 및 원두 샘플과 단계별 원두 종류는 더스칼러빈 자료집에서 구매 가능

관련 자료

- 더스칼러빈 자료집
- 로스팅 8단계 샘플키트

학습 활동

알기 생두와 원두 비교하기

■ 생두와 원두의 색상을 비교한다.

 생두를 로스팅하면 원두가 되지요. 생두에 열을 가하면 생두의 녹색이 옅은 녹색이 되었다가 노란색을 거쳐서 점점 짙은 갈색을 띠게 돼요. 여기 브라질 생두와 원두가 있는데 눈으로 보는 것처럼 색상에 차이가 있어요.

- 커피 트레이에 담겨 있는 생두와 원두를 살펴본다.
  - 생두와 원두의 색상 비교하기

■ 생두와 원두의 무게를 비교한다.

 로스팅을 하면 생두 안에 있는 수분이 증발하여 원두의 무게가 가벼워져요. 트레이에 놓여 있는 생두와 원두를 한 움큼씩 쥐어보세요. 무게의 차이가 느껴지나요? 생두는 수분이 있어 원두보다 촉촉한 느낌이 나면서 더 무겁답니다.

🔔 수업 Tip

- 원두는 무게가 가벼워 바닥으로 떨어지면 멀리까지 튀면서 사방으로 흩어지므로 바닥에 떨어뜨리지 않도록 유의한다.

- 커피 트레이에 담겨 있는 생두와 원두를 손으로 쥐어본다.
  - 같은 부피의 생두와 원두 무게 비교하기

펼치기 로스팅 8단계의 색상 변화 알기

■ 로스팅 8단계의 커피콩 색상 변화를 살펴본다.

로스팅을 하면 생두의 색이 변화한다고 했어요. 녹색의 생두 색이 점점 옅어지다가 노란색을 거쳐 점점 짙은 갈색으로 변화하지요. 동영상을 보면서 로스팅이 진행됨에 따라 변하는 커피콩의 색상 변화를 같이 살펴보도록 해요.

- 로스팅 동영상을 시청한다.
  - 로스팅 8단계의 색상 변화 관찰하기

로스팅 8단계 샘플키트

■ 로스팅 8단계의 명칭을 알아본다.

로스팅 단계별로 사용되는 명칭과 뜻은 각기 달라요. 우리가 주로 사용하는 로스팅 단계는 일본에서 사용하는 단계로 총 8단계로 분류한답니다. 그런데 신기하게도 일본에서 사용하는 명칭인데 일본어는 아니에요.

> ⚠ **수업 Tip**
> - 로스팅 단계별 명칭은 외국어 표기여서 학생들이 어렵게 느낄 수 있으므로 명칭과 색상을 한 세트로 하여 학습할 수 있도록 지도한다.

- 로스팅 8단계의 명칭을 찾아 붙여본다.
  - 1단계부터 8단계까지 단계별 명칭을 붙여보며 색상 관찰하기

활동하기 원두를 이용하여 나만의 작품 만들기

■ 커피를 사용하여 만든 미술작품을 감상한다.

Q 로스팅 단계별로 다른 색깔을 띠는 원두를 붙여서 만든 작품이에요. 커피가 이렇게 미술 작품의 재료로 쓰일 수 있다니 참 새롭고 신기하지요? 이 밖에도 커피가 쓰일 수 있는 곳은 참 다양하답니다. 그중에서 우리는 오늘 커피로 만든 다양한 미술작품을 감상해 볼게요.

> **수업 Tip**
>
> • 커피찌꺼기로 화분을 만들기도 하고, 연필을 만들 수도 있다.
> 또한 비누에 넣어서 활용할 수도 있으며 방향제, 제습제 등으로 사용되기도 한다.

커피찌꺼기로 만든 화분, 연필

• 커피나 원두를 사용하여 만든 미술작품을 감상한다.

- 커피로 만든 미술작품을 감상한 느낌에 대해 이야기 나누기

■ 로스팅 단계별 원두를 사용하여 미술작품을 만든다.

 Q 이제는 우리도 원두를 가지고 우리만의 작품을 만들어보도록 해요. 여기 여러 가지 도안과 단계별 원두가 있는데 여러분이 원하는 도안을 하나씩 선택해 보세요. 그리고 도안 위에 목공풀을 사용하여 자유롭게 원두를 붙여서 나만의 작품을 만들어볼게요.

• 원두를 사용한 나만의 작품을 만든다.
  - 도안 선택하기
  - 로스팅 단계별 원두를 사용하여 작품 만들기

54 II. 로스팅 | 눈으로 맛보는 커피 여행

수업 Tip

- 대부분의 원두는 한쪽 면이 편평하고 다른 한쪽 면은 볼록하다. 원두를 도안 위에 붙일 때 편평한 쪽을 바닥 쪽으로 하여 붙이면 잘 붙는다는 것을 설명해준다.
- 단계별 원두는 5단계 정도를 사용하는 것이 좋다.
- 도안 출력 용지는 상장 용지나 두꺼운 도화지를 사용한다.
- 목공풀이 마르기 전에는 작품을 들거나 하지 않도록 하여, 원두가 완전히 붙을 수 있도록 한다.

예 도안

■ 완성된 작품을 감상한다.

 원두를 사용해서 미술작품을 만들어보았어요. 다른 친구들이 만든 작품들도 잘 살펴보세요. 같은 도안과 같은 재료인데도 참 다양한 작품들이 만들어졌네요. 한 명씩 돌아가면서 작품을 완성한 소감을 말해봅시다.

- 친구들의 작품을 감상한다.
  - 작품을 완성한 소감에 대해 이야기 나누기

+ 보충 자료 로스팅 단계별 명칭

「All New 커피 인사이드」 p. 178 수정 인용함

7차시 | 원두로 완성하는 나만의 작품 55

+ 보충 자료 생두와 원두의 부피 비교

로스팅이 진행되어 생두에 열이 지속적으로 공급되면 수분이 증발하기 때문에 커피콩이 부서지기 쉬운 상태가 된다. 커피콩의 크기는 초반에는 수분의 증발로 크기가 작아졌다가 열이 공급되면서 다시 점점 커지고, 50%에서 최대 90%까지 커지기도 한다.

「All New 커피 인사이드」 p. 168 수정 인용함

평가	적극 참여	보통	참여 안 함
색깔과 무게로 생두와 원두를 구분하는가?	○	○	○
로스팅 8단계 키트를 보면서 색상 변화에 따른 단계별 명칭을 따라 말하는가?	○	○	○
로스팅 단계별 원두를 사용하여 나만의 작품을 만드는가?	○	○	○

8차시 언제 어디서나 즐길 수 있는 커피

학습 목표 드립백 포장에 필요한 도구의 사용법을 알고 분쇄 커피를 계량하여 순서에 맞게 포장한다.

학습 계획

차시 개관
이 차시에서는 언제 어디에서든지 드립커피를 즐길 수 있게 드립백을 만들어보고 본인이 만든 드립백으로 커피를 추출하여 마셔보도록 한다. 본 수업을 통해 실생활에서 자주 사용하는 저울의 사용법과 수 개념을 정확하게 숙지하도록 지도한다. 커피를 마셔보고 맛을 표현하면서 커피가 가지고 있는 맛의 속성을 다시 한번 설명해준다.

학습 자료
생두, 전자저울, 분쇄 커피, 드립백 필터, 실링기, 드립백 포장 봉투, 종이컵, 티스푼, 라벨지, 전기포트, 개인잔, 가위, 풀 등
※ 그라인더가 있는 경우 원두를 사용하여 직접 분쇄함

학습 활동
1. 저울 사용법, 무게 측정법 알기
2. 드립백 만들기
3. 드립백 커피 추출하기

관련 자료
• 더스칼러빈 자료집

학습 활동

알기 | 저울 사용법, 무게 측정법 알기

■ 저울 사용법에 대해 알아본다.

Q 여기 전자저울이 있어요. 저울을 사용해서 우리는 다양한 물건의 무게를 측정해요. 우리가 몸무게를 잴 때 사용하는 체중계도 저울이지요. 오늘은 저울을 사용해서 분쇄된 커피를 계량하고 드립백 만드는 작업을 해볼 텐데요. 그 전에 저울 사용법을 살펴볼게요. 저울의 전원을 켠 후에 종이컵을 올려놓아 보세요. 그럼 종이컵의 무게가 나와요. 그리고 저울에 '0 SET'이라고 쓰여있는 버튼을 누르면 다시 '0'으로 바뀌는데 그 상태에서 생두를 종이컵에 담으면 생두의 무게를 잴 수 있어요.

• 0점 맞추는 방법을 알아본다.

저울 준비하기 → 종이컵 올려놓기 → 0점 버튼 누르기

→ 0점으로 맞춰짐 → 생두 담기 → 무게 확인하기

– 저울을 사용하여 0점 맞춰보기

■ 무게 측정법에 대해 알아본다.

Q 드립백을 만들기 전에 분쇄 커피를 무게에 맞게 담아보는 연습을 해볼게요. 방금 연습한 것처럼 저울 위에 종이컵을 올려놓고 0점을 맞춰주세요. 그리고 티스푼으로 분쇄 커피를 10g이 될 때까지 담아볼까요?

수업 Tip

- 숫자 개념이 부족한 학생들을 위해 계량해야 하는 그램 수를 칠판에 적어주고 동일한 숫자가 될 때까지 분쇄 커피를 담을 수 있게 한다.

- 분쇄 커피를 담을 때 한꺼번에 많이 담으려고 하면 종이컵이 아닌 저울 위로 커피 가루가 떨어져 정확한 무게를 측정하는 데에 오류가 생길 수 있다. 그러므로 적당량을 담아 숫자를 확인하면서 작업할 수 있도록 지도한다.

• 정해진 분쇄 커피를 무게에 맞게 담아본다.

트레이에 담긴 분쇄 커피   0점 맞추기

종이컵에 분쇄 커피 담기   분쇄 커피 무게 확인

- 드립백을 만들기 위한 분쇄 커피의 무게 측정법 알아보기
- 종이컵에 분쇄 커피 10g을 담아 무게 측정하기

펼치기   드립백 만들기

■ 드립백을 만들 때 필요한 도구를 알아본다.

 하나의 완성된 드립백을 만들려면 커피와 저울 이외에도 다양한 도구들이 필요합니다. 어떤 것이 있는지 하나씩 살펴보면서 도구의 사용법 및 역할을 알아보도록 할게요.

• 각 도구의 사용법을 알아본다.

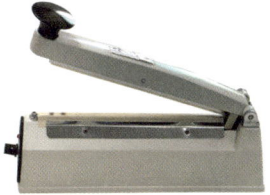      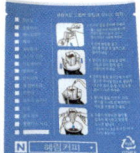

실링기   **드립백 필터**   **포장 봉투**

실링기의 열선 부분에 벌어져 있는 부분을 올려놓은 후 손잡이로 꾹 눌러주어 접착해줌

봉투의 겉면에 붙어있는 종이 클립을 펼쳐서 종이컵에 걸쳐 고정시킴

봉투의 아래쪽에 드립백 필터를 세워서 넣음

- 각 도구의 역할을 알아본다.

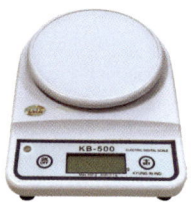
전자저울
분쇄 커피의 무게를 정확하게 계량할 때 사용

티스푼
드립백 필터에 분쇄 커피를 담을 때 사용

종이컵
드립백 필터를 걸쳐놓을 때 사용

드립백 필터
분쇄 커피를 담을 때 사용

 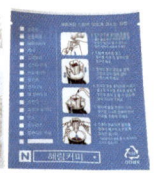
포장 봉투
분쇄 원두를 담고 접착된 드립백 필터를 담을 때 사용

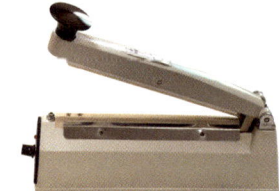
실링기
- 드립백 필터에 분쇄 커피를 담은 후 필터의 벌어진 부분을 접착할 때 사용
- 포장 봉투에 드립백 필터를 담은 후 벌어진 부분을 접착할 때 사용

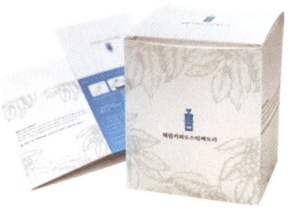
박스
일정량의 드립백을 넣을 수 있는 드립백용 선물 박스

라벨지
드립백 커피의 원산지를 표기할 때 사용

■ 순서에 맞춰 드립백을 만들어본다.

 드립백을 만드는데 필요한 도구를 살펴보았으니 이제는 실제로 드립백을 만들어볼게요. 선생님이 먼저 시범을 보여줄 테니 잘 살펴보세요. 그리고 다 같이 순서에 맞게 하나씩 만들어봅시다.

 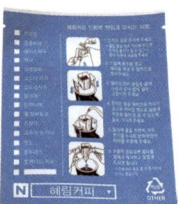

수업 Tip

- 드립백 필터를 접착할 때는 실링기의 접착 폭이 2mm가 사용하기에 적당하고, 포장 봉투를 접착할 때는 실링기의 접착 폭이 5mm가 사용하기에 적당하다.

• 드립백 만드는 실습에 참여한다.

저울에 종이컵 올려두기

드립백 필터 겉면의 종이 클립 펼치기

종이컵에 드립백 필터의 종이 클립을 고정시키기

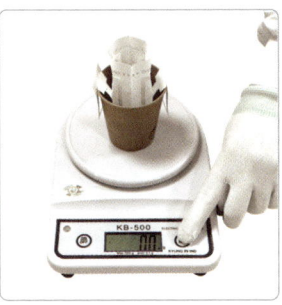
0점 맞추기

분쇄 커피를 드립백 필터에 담기

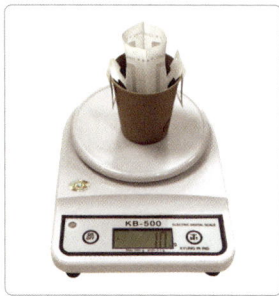
10g 담기

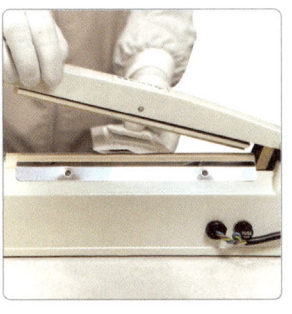
실링기를 이용해 드립백 필터의 윗부분 올려 놓기

2초간 꾹 누르기

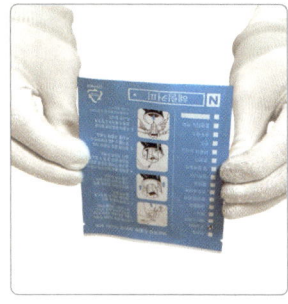
포장 봉투 준비하기

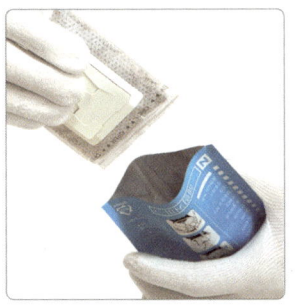
절취선을 위로하여 포장 봉투에 드립백 넣기

드립백 포장 봉투를 실링기로 5초간 꾹 누르기

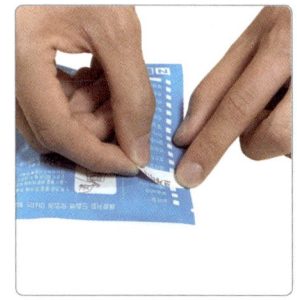
포장 봉투에 커피 라벨지 붙이기

- 순서에 맞게 드립백 만들기 실습에 참여하기

■ 완성된 드립백을 박스에 담아 포장한다.

> **Q** 여러분이 만든 드립백을 이제 박스에 담아볼게요. 먼저 박스를 접어주고요. 드립백을 세워서 하나씩 넣어주세요. 그리고 박스 뚜껑을 접어서 닫아주면 됩니다.

- 박스를 접는다.
- 박스 안에 드립백을 담는다.

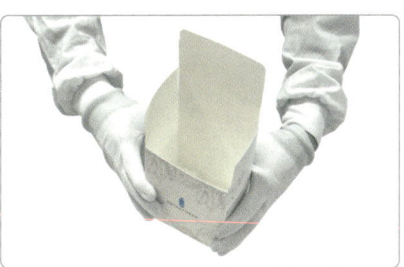
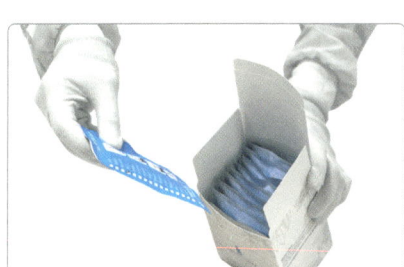

- 박스를 접어 드립백을 박스 안에 담기

활동하기   드립백 커피 추출하기

■ 드립백 커피를 추출한다.

> **Q** 언제 어디서든 드립커피를 마실 수 있는 드립백을 만들어보았어요. 이제는 우리가 만든 드립백으로 직접 커피를 추출해서 마셔볼게요. 먼저 전기포트에 물을 끓여 뜨거운 물을 준비해 주세요. 준비되었으면 이제 선생님을 따라서 천천히 커피를 추출해 봐요.

- 드립백 커피의 추출 방법을 알아본다.

뜨거운 물 준비하기

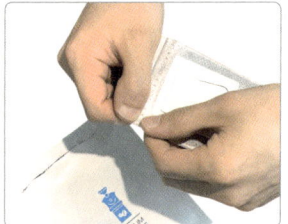
드립백 봉투를 열고 필터를 꺼낸 후 절취선 자르기

필터의 종이 클립을 펼쳐 컵에 걸어 고정하기

준비된 물을 필터 안에 커피가 골고루 적셔질 정도로 알맞게 부은 후 뜸이 들도록 잠시 기다리기

필터에 물을 천천히 가득 붓기를 3~4회 반복하면서 커피 추출하기

추출이 완료되면 필터 제거하기

- 추출 방법에 맞춰 드립백 커피 추출하기

⚠ 수업 Tip

- 드립백 박스는 5개용과 10개용이 있으므로 선택하여 사용한다.
- 갓 로스팅된 원두를 사용하여 드립백을 만들 경우에는 탄산가스의 배출로 인해 드립백 포장 봉투가 벌어지거나 빵빵하게 부풀어 오를 수 있으므로 갓 로스팅된 원두의 사용은 되도록 지양한다.

⚠ 수업 Tip

- 100℃의 끓은 물을 바로 드립백에 부으면 커피가 써지므로 2~3분 정도 물을 식혀 온도를 떨어뜨린 후 물을 부어준다. 통상 ±90℃ 정도의 물을 부어주면 적당하다.

■ 드립백 커피를 추출하여 마셔보고 맛의 느낌을 표현한다.

 드립백 커피의 추출이 완료되면 필터를 제거하고 마셔보세요. 맛이 어떤가요? 여러분들이 직접 만든 드립백 커피로 직접 커피를 추출해서 마시니 더 맛있게 느껴지지요? 나머지 드립백은 집에 가져가서 가족들과 함께 마셔보세요. 혹은 야외에 놀러 나갔을 때도 하나씩 들고 나가면 언제 어디에서든 드립 커피를 즐길 수 있겠지요?

- 드립백으로 추출한 커피의 맛을 본다.
- 맛의 느낌을 표현한다.
  - 비슷한 맛의 느낌을 찾아보기

- 드립백 커피의 장점에 대해 이야기 나눈다.
  - 휴대의 편리성
  - 장기 보관 가능
  - 간편한 추출

평가	적극 참여	보통	참여 안 함
저울의 사용법을 알고 분쇄 커피를 정확하게 계량하여 담는가?	○	○	○
드립백 커피를 순서에 맞게 만드는가?	○	○	○
드립백 커피를 추출하여 맛보고 그 느낌을 구체적으로 표현하는가?	○	○	○

9차시 커피향 가득한 손그림 세계

학습 목표 분쇄 커피를 이용하여 커피 아트를 완성한다.

학습 계획

차시 개관
이 차시에서는 커피를 분쇄하는 이유에 대해 알고 분쇄 커피를 이용하여 커피 아트를 체험할 수 있도록 구성하였다. 분쇄 커피의 촉감을 느끼고 향기를 통한 후각작용의 반응을 이끄는 것에 중점을 두었다. 교사는 학생들이 자유롭게 표현하고 싶은 것을 표현하되 짧은 이야기를 만들 수 있도록 지도한다.

학습 자료
커피 아트(샌드아트)동영상, 분쇄 커피, 하얀색 쟁반(B4용지), 카메라, 색연필, 가위, 풀 등
※ 그라인더와 원두가 있다면 수업 직전에 직접 분쇄하는 것을 권장함

학습 활동
1. 분쇄 커피를 탐색하고 커피를 분쇄하는 이유 알기
2. 커피 아트하기
3. 나만의 커피 아트 촬영하기

관련 자료
- 더스칼러빈 자료집
- 샌드아트 동영상
  (https://www.youtube.com/watch?v=uNi-Z2P-z4s)

Note

학습 활동

 알기 분쇄 커피를 탐색하고 커피를 분쇄하는 이유 알기

■ 분쇄 커피를 탐색한다.

Q 로스팅한 원두 상태로는 커피를 마실 수 없으므로 사람들은 원두를 잘게 부수어요. 원두를 잘게 부수는 방법에는 어떤 방법들이 있을까요?(예 절구로 찧어요. 맷돌로 갈아요. 핸드밀로 갈아요. 등)
원두를 잘게 갈아주는 기계를 '그라인더'라고 불러요. 그라인더에 원두를 넣으면 원하는 굵기로 분쇄할 수 있어요. 커피를 마시는 기구에 따라 잘게 부수는 원두의 굵기에 차이가 있어요.

• 잘게 부수어진 원두를 만져본다.

굵은 분쇄   가는 분쇄

- 그라인더가 있다면 다양하게 분쇄 정도를 달리하여 손으로 입자 크기를 느낄 수 있게 하기

■ 커피를 분쇄하는 이유를 알아본다.

Q 잘게 부순 원두에 물을 부으면 커피가 내려져요. 이것을 '추출'이라고 말한답니다. 커피를 분쇄하는 이유는 바로 '커피 맛'을 잘 표현하기 위해서예요. 같은 커피라도 다양한 추출 기구에 따라 맛에도 차이가 있어요. 그래서 기구에 따라 커피를 잘게 부수는 정도가 달라진답니다.

• 추출 기구에 따른 커피의 분쇄 정도를 알아본다.

추출 기구	에스프레소	사이폰	핸드드립	프렌치프레스
	매우 가늘게	조금 가늘게	중간	굵게
분쇄 정도				
추출 장면				

- 추출 기구와 분쇄 정도에 따른 커피 맛의 차이 알아보기

⚠ 수업 Tip
• 교실에 그라인더와 다양한 추출 기구가 구비되어 있다면 추출 기구와 커피 분쇄 정도가 커피 맛에 영향을 미치는 직접적인 요인임을 알 수 있도록 지도한다.

⚠ 수업 Tip
• 추출 시간이 짧으면 분쇄 정도가 가늘고 추출 시간이 길면 분쇄 정도가 굵다.

펼치기 | 커피 아트하기

■ 분쇄 커피로 커피 아트를 한다.

- 3분가량의 커피 아트(샌드아트) 동영상을 시청한다.
- 양 끝이 접힌 B4용지 위에 분쇄 커피를 1인당 150g씩 나누어 준다.

> 나누어준 분쇄 커피의 굵기는 어느 정도 굵기에 해당하는 것 같나요? 커피에서 향이 느껴지나요? 오늘은 분쇄 커피를 가지고 커피 아트 활동을 해 볼 거예요. 향기로운 커피향을 맡으며 활동을 하면 왠지 더 기분이 좋아질 것 같지 않나요? 먼저 커피를 종이 위에 평평하게 만들어 주세요. 커피 가루는 먹거나 던지면 안 돼요. 그럼 손가락을 이용하여 글자나 그림을 그려봅시다.

수업 Tip
- B4용지의 양 끝을 접어 주어 분쇄 커피가 용지 밖으로 나가지 않도록 한다.

분쇄 커피를 평평하게 만들기

커피 아트하기

수업 Tip
- 동작이 큰 학생에게는 팔토시를 제공하여 준다.
- 커피 가루를 먹거나 던지는 학생이 있다면 지퍼백에 로션과 분쇄 커피를 섞어 넣은 뒤 공기를 빼고 지퍼백을 잘 닫은 후 활동 방법을 시범으로 보인다.

- 분쇄 커피를 종이 위에 평평하게 펴준 후 글자를 쓰거나 그림을 그린다.
  - 커피 아트를 하면서 어떤 느낌인지 이야기 나누고 느낌을 언어로 표현하기
  - 숫자, 모양, 글자, 형태 등을 자유롭게 그리며 서로 상호작용하기

수업 Tip

- 도움이 필요한 학생이 있다면 '손 위의 손' 안내, '손 아래 손' 안내, '촉각 모델링' 등의 촉각 전략을 선택하여 커피 아트를 완성할 수 있도록 돕는다.
- 학생별로 한 장면의 커피 아트를 한 뒤 사진을 촬영하고 다음 장면을 반복하여 이야기를 완성하며, 반 학생들이 협력하여 하나의 짧은 이야기를 완성할 수 있다.

활동하기 ｜ 나만의 커피 아트 촬영하기

■ 나만의 짧은 이야기를 만든다.

- 단어나 그림을 그려 짧은 이야기를 만든다.

 어떤 이야기를 만들고 싶나요? 친구나 선생님, 엄마에게 하고 싶은 말을 전해도 되고, 나만의 짧은 이야기를 만들어도 좋아요. 여러분이 커피 아트로 그리거나 쓰면, 그 장면의 사진을 찍을 거예요. 사진을 연결하여 보며 짧은 이야기를 완성해 볼까요?

- 만들고 싶은 장면이나 물건을 사진으로 찍기

■ 촬영한 사진을 연결하여 이야기를 만든다.

- 학생별 또는 학급 학생이 공동으로 완성한 사진을 연결하여 이야기 나눈다.
  - 찍은 사진을 연결하고 이야기로 만들어 소개하기(개인 작품, 공동 작품)

평가	적극 참여	보통	참여 안 함
분쇄 커피를 탐색하고 커피를 분쇄하는 이유를 말하는가?	○	○	○
커피 아트 활동에 즐겁게 참여하는가?	○	○	○
단어나 그림을 만들어 나만의 커피 아트 촬영 활동에 참여하는가?	○	○	○

MEMO

위생과 대인 서비스
카페, 커피를 만나는 곳

10차시	맛있는 커피의 시작은 개인위생으로부터
11차시	깨끗하게 정돈된 매장
12차시	어서오세요, 주문하시겠습니까

10차시 맛있는 커피의 시작은 개인위생으로부터

학습 목표 개인위생의 뜻과 중요성을 알고 자신의 개인위생을 점검한다.

학습 계획

차시 개관

이 차시에서는 개인위생의 뜻과 중요성에 대해 알아보고 점검표를 활용하여 개인위생을 점검해 보도록 한다. 또한 복장 착용의 바른 예를 살펴보고 단정하게 복장을 착용할 수 있도록 구성하였다. 카페를 방문한 경험을 활용하여 대인 서비스에서 개인위생의 중요성을 알고 개인위생을 지킬 수 있도록 지도한다.

학습 활동

1. 개인위생의 뜻과 중요성 알기
2. 개인위생 상태 점검하기
3. 개인복장 상태 점검하기

학습 자료

태블릿PC, 사진 자료, 개인위생 점검표, 거울, 앞치마, 명찰, 유니폼 등

관련 자료

- 국립국어원 표준국어대사전
  (https://stdict.korean.go.kr)

Note

학습 활동

알기 개인위생의 뜻과 중요성 알기

■ 개인위생의 뜻을 알아본다.

Q '개인위생'은 무슨 말일까요? '개인'과 '위생'을 따로 나눠서 의미를 생각해볼까요? 표준국어대사전에 단어의 정의가 무엇으로 되어있는지 찾아보아요.

- 개인위생이라는 단어를 보고 떠오르는 내용을 자유롭게 이야기 나눈다.
  - 표준국어대사전에서 '개인위생'의 뜻 찾아보기

Q 개인위생은 '개인의 건강을 지키기 위한 위생(건강에 유익하도록 조건을 갖추거나 대책을 세우는 일)'으로 정의되어 있어요. 즉, 개인의 건강을 지키기 위해 우리가 일상에서 지키는 손 씻기, 양치하기, 세수하기 등의 활동을 의미해요.

■ 개인위생의 중요성에 대해 알아본다.

Q 개인을 위한 위생이 왜 대인 서비스에서 가장 기본적으로 지켜져야 할까요? 카페를 이용한 경험을 떠올리며 개인위생이 중요한 이유를 생각해 보도록 해요.

> 💡 **수업 Tip**
>
> • 개인위생의 중요성에 대한 체험 교육으로 커피 가루(에스프레소 추출 후 남은 커피찌꺼기)를 이용한 실험을 실시할 수 있다.
>
> - 커피 가루가 묻어있는 손으로 영수증을 만져 커피 가루가 묻은 영수증 확인하기
> - 커피 가루가 묻어있는 손으로 잔을 만져 커피 가루가 묻은 잔 확인하기

- 대인 서비스에서 개인위생이 중요한 이유를 이야기 나눈다.

Q 여러분이 주문한 음료가 나왔습니다. 여러분은 어떤 손이 제공해주는 음료를 마시고 싶은가요? 그 이유는 무엇인가요? 대인 서비스에서는 손님과의 접촉이 반드시 이루어집니다. 주문을 받거나, 음료를 제공할 때 말이죠. 나의 위생이 손님의 위생(건강)과 연결되는 만큼 개인위생을 꼭 지켜야겠죠?

깨끗한 손으로 제공되는 음료   깨끗하지 못한 손으로 제공되는 음료

- 개인위생을 지켜 음료를 제공했던 곳과 개인위생이 지켜지지 않았던 곳을 이용한 경험을 생각하며 자유롭게 이야기 나눈다.
- 사진을 보고 개인위생이 지켜지는 경우와 지켜지지 않는 경우에 대해 이야기 나누며 개인위생의 중요성을 알아본다.
  - 개인위생의 뜻을 적어보며 중요성에 대해 생각하기

활동하기 개인위생 상태 점검하기

■ 개인위생 점검표를 작성하고 개인위생을 점검한다.

 다음의 표는 개인위생 점검표 예시입니다. 개인위생 점검 항목은 개인마다, 매장마다 다를 수 있어요. 나에게 맞는 개인위생 점검표에는 어떤 항목이 포함되어야 할까요? 예시를 참고하여 점검표 항목을 삭제하거나 추가하면서 나의 교육 장소, 실습 장소에 적절한 점검표를 완성해 보세요.

개인위생 점검표

머리
- ☐ 머리에서 냄새가 나지 않나요?
- ☐ 앞머리가 눈을 가리지 않나요?

손
- ☐ 손톱 길이는 적당한가요?
- ☐ 손톱 밑은 깨끗한가요?

얼굴
- ☐ 세수를 했나요?
- ☐ 눈곱이 끼지는 않았나요?

입
- ☐ 양치질을 했나요?
- ☐ 입에서 냄새가 나지 않나요?
- ☐ 치아 사이에 이물질이 끼지는 않았나요?

추가 가능 항목
- ☐ (남) 코털은 깨끗이 정리했나요?
- ☐ (남) 면도는 깨끗이 했나요?
- ☐ 머리를 단정히 빗었나요?
- ☐ 안경은 바르게 착용했나요?
- ☐ 안경의 렌즈는 깨끗한가요?

개인위생 점검표 예시

- 개인위생 점검표를 작성한다.
- 개인위생 상태를 점검한다.
  - 작성한 개인위생 점검표를 활용하여 자신의 위생 상태를 스스로 점검하기
  - 점검 결과에 따라 보완이 필요한 부분을 찾아 보완하기
  - 개인위생 상태 재점검하기

 **수업 Tip**

- 개인위생 상태 점검을 스스로 수행하기 어려운 학생의 경우 짝과 함께 위생 상태를 점검하고 보완하도록 한다. 필요한 경우 교사가 직접 보완할 부분을 찾아서 수정해 줄 수도 있다.
- 가능하면 복장 점검을 할 수 있는 크기가 충분히 큰 거울을 준비하여 사용한다.

수업 Tip

• 유니폼은 매장마다 정해진 규격이나 디자인이 없다. 앞치마는 목에 거는 형, 허리에 묶는 형 등이 있고 명찰은 옷핀, 자석 형태가 있다. 앞치마와 명찰 착용법은 아래와 같다.

> 앞치마 착용법
> - 앞면과 뒷면 구분하기
> - 몸에 맞게 줄 길이 조절하기
> - 몸에 맞게 끈 묶기
>
> 명찰 착용법
> - 왼쪽 가슴 상단에 착용하기
> - 착용 후 수평 맞추기

활동하기   개인복장 상태 점검하기

■ 단정한 복장에 대해 알아보고 개인복장 상태를 점검한다.

개인위생이 잘 지켜졌다면 이제 우리는 무엇을 준비해야 할까요? 바로 복장입니다. 대인 서비스를 위해서는 필수적으로 앞치마와 명찰, 그리고 매장에 따라 유니폼이라고 부르는 작업복이 필요하죠. 그렇다면 복장을 어떻게 착용해야 할까요? 바람직한 복장을 갖춘 예를 함께 보고 우리도 똑같이 복장을 갖춰볼까요?

단정한 복장

• 단정한 복장의 예시 사진을 살펴본다.
• 개인 복장 상태를 점검한다.
 - 예시 사진을 보고 유니폼, 앞치마, 명찰 바르게 착용하기
 - 자신의 복장 상태를 짝과 함께 비교하여 점검하기

평가	적극 참여	보통	참여 안 함
개인위생의 뜻과 중요성을 아는가?	○	○	○
개인위생 점검표를 작성하고 개인위생 상태를 점검하는가?	○	○	○
단정한 복장의 예를 참고하여 앞치마와 명찰을 바르게 착용하는가?	○	○	○

11차시 깨끗하게 정돈된 매장

학습 목표 깨끗한 매장 운영을 위해 필요한 청소 방법을 알고 실천한다.

학습 계획

차시 개관

이 차시에서는 매장에서 대인 서비스 제공 시 필요한 매장위생관리역량을 기르기 위해 홀과 주방을 깨끗이 청소하는 방법에 대해 알아보고자 한다. 또한 실제로 해당 공간을 청소하는 실습 활동으로 확장하여 반복 연습을 통해 숙련도가 높아질 수 있도록 지도한다.

학습 자료

사진 및 그림자료, 장소에 따른 청소 방법 안내 영상, 빗자루, 막대걸레, 손걸레, 고무장갑, 수세미, 주방세제, 종량제봉투 등

학습 활동

1. 홀 청소하기
2. 주방 청소하기
3. 분리수거 하기

관련 자료

- 한국순환자원유통지원센터 (http://www.kora.or.kr)

Note

학습 활동

활동하기 홀 청소하기

■ 홀 사진을 보고 청소가 필요한 곳과 청소를 위해 필요한 물품을 알아본다.

 여러분은 자신의 방이나 교실 자리 등을 깨끗하게 청소해 본 적이 있나요? 청소를 하면 물건들이 제자리를 찾아가고 먼지도 제거되어서 한결 청결하고 깨끗한 공간을 만들 수 있어요. 여기 매장의 홀도 청소가 필요할 것 같은데요, 어느 곳을 어떻게 청소하면 좋을까요? 그리고 청소를 위해 필요한 도구는 무엇이 있을까요?

- 자신의 방이나 교실 등 깨끗하게 청소한 경험을 자유롭게 이야기 나눈다.
- 홀 사진에서 청소를 해야 하는 곳을 찾아보고 홀 청소를 위해 필요한 도구를 선택한다.
  - 빗자루, 막대걸레, 손걸레 등 청소에 필요한 도구 선택하기

카페 매장 내 홀

빗자루   막대걸레   손걸레

■ 홀 청소 방법을 알아보고 홀을 청소한다.

 홀 청소 업무로는 홀 바닥과 홀 내 서비스 물품 정비 및 테이블과 의자 정리가 있어요. 조금 전 청소를 위해 필요한 청소도구를 여러분들이 정확히 골라주었지요? 이제 준비된 청소도구를 정확하게 사용하여 직접 홀 청소를 해 보도록 해요. 홀 청소 방법에 대한 영상을 함께 보고 직접 실습해 보도록 합시다.

- 홀 청소 방법에 대한 동영상을 시청한다.
  - 홀 내 서비스 물품(냅킨, 컵, 홀더, 빨대, 시럽 등)의 재고를 확인하고 채워 넣는 방법 안내하는 영상 시청하기
  - 테이블 및 의자를 정리하고 닦는 방법 안내하는 영상 시청하기
  - 홀 바닥 빗질하고 닦는 방법 시범 보인 후 안내하는 영상 시청하기

서비스 물품 정비하기

테이블과 의자 정리하고 닦기

홀 바닥 빗질하고 닦기

홀 청소 방법

서비스 물품 정비
- 서비스 물품 남아있는 양 확인하기
- 부족한 물품 채우기
- 서비스 물품이 제공되는 서비스 테이블 닦기

테이블 및 의자 청소
- 손걸레 깨끗이 빨아 물기 제거하기
- 테이블 상판 닦기
- 의자의 오염된 부분 닦기
- 손걸레 세탁하기
- 테이블 및 의자 정해진 위치에 정렬하기
- 테이블 및 의자 주변 정리하기

홀 바닥 청소
- 바닥 청소를 위해 테이블 및 의자 한 쪽으로 정리하기
- 빗자루로 빗질하여 바닥 먼지, 이물질 등 모아 정리하기
- 막대걸레 깨끗이 빨아 물기 제거하기
- 한쪽 면부터 손에 힘을 주어 바닥 깨끗이 밀어 닦기
- 막대걸레 깨끗이 빨아 물기 제거하고 보관하기

> **수업 Tip**
> • 청소 직무는 특히 꼼꼼하고 세심한 손기능을 필요로 하므로 반드시 실습을 병행하여 실시하여야 한다. 그러나 청소의 순서를 정확히 알지 못하면 청소를 하고도 더욱 지저분해지는 경우가 생길 수 있으므로 청소도구의 올바른 사용법과 청소의 순서(예 빗질하고 닦기, 공간의 상단부 청소 후에 하단부 청소 등)를 정확히 익힐 수 있도록 한다.

• 홀 청소 방법을 익혀 직접 홀을 청소한다.
 - 다양한 홀 청소 방법대로 홀 청소하기

활동하기 주방 청소하기

■ 주방 사진을 보고 청소가 필요한 곳과 청소를 위해 필요한 물품을 알아본다.

> **Q** 이번에는 음료가 만들어지는 주방의 위생 관리를 위해 주방에서 청소가 필요한 곳을 찾아봅시다. 마찬가지로 청소를 위해 필요한 도구는 무엇일까요? 홀 청소와 비슷하거나 다른 부분이 있나요? 함께 생각해 봅시다.

• 홀 사진에서 청소를 해야 하는 곳을 찾아보고 홀 청소를 위해 필요한 도구를 선택한다.
 - 빗자루, 막대걸레, 고무장갑, 수세미 등 청소에 필요한 도구 선택하기

카페 매장 내 주방

빗자루

막대걸레

고무장갑

수세미

■ 주방 청소 방법을 알아보고 주방을 청소한다.

 주방 청소 업무로는 주방 바닥과 주방 내 도구 정리 및 세척업무가 있습니다. 주방 청소를 위해 필요한 청소도구는 여러분들이 정확히 골라주었는데요, 이제 준비된 청소도구를 정확하게 사용하여 직접 주방 청소를 해볼까요? 홀 청소와 동일하게 주방 청소 순서와 방법에 대한 영상을 함께 보고 직접 실습해 보도록 합시다.

- 주방 청소 방법에 대한 동영상을 시청한다.
  - 주방 내 도구 정리 및 세척하는 방법 시범 보인 후 안내하는 영상 시청하기
  - 주방 바닥 빗질하고 닦는 방법 시범 보인 후 안내하는 영상 시청하기

주방 내 도구 정리 및 세척하기

주방 바닥 빗질하고 닦기

주방 청소 방법

주방 내 도구 정리 및 세척

- 사용한 음료 제조 도구 정리하기
- 세척이 필요한 도구 개수대에 넣기
- 고무장갑 착용하기
- 수세미에 세제 묻혀 도구 닦기
- 닦은 도구 깨끗하게 헹구기
- 세척 후 마른 도구 정리하기

주방 바닥 청소

- 빗자루로 빗질하여 바닥 먼지, 이물질 등을 모아 정리하기
- 막대걸레 깨끗이 빨아 물기 제거하기
- 한쪽 면부터 손에 힘을 주어 바닥 깨끗이 밀어 닦기
- 막대걸레 깨끗이 빨아 물기 제거하고 보관하기

- 주방 청소 방법을 숙지하여 직접 주방을 청소한다.
  - 다양한 주방 청소 방법대로 주방 청소하기

활동하기 | 분리수거 하기

■ 쓰레기의 소재별 분리배출 기준을 알아보고 분리수거를 한다.

여기 마구 섞여서 버려진 각종 쓰레기 사진을 보세요. 다 같이 소재별 기준에 맞게 분류해 볼까요? 그리고 이후에는 매장 청소 후 실제로 배출된 쓰레기도 직접 분리수거해 봅시다.

- 종이, 플라스틱, 유리, 캔, 음식물쓰레기, 일반쓰레기를 기준으로 쓰레기를 구분한다.

| 캔 | 일반쓰레기 | 음식물쓰레기 | 플라스틱 |
| 우유팩 | 유리잔 | 일회용컵라면 | 요구르트 통 |

- 실제 매장 청소 후 배출된 쓰레기를 분리배출한다.
  - 일반쓰레기, 병류, 캔류, 플라스틱류를 기준으로 분리배출하기

💡 수업 Tip

- 쓰레기를 소재별로 명확히 분류하기 위해서는 물품에 직접 표기된 소재 정보를 활용할 수 있다. 특히 카페를 운영하는 경우에는 우유팩, PET소재의 컵 등을 다수 사용하므로 정확한 분리배출 방법을 익혀야 한다.
- 순환자원과 관련하여 추가적인 교육이 필요하면 한국순환자원 유통지원센터를 활용할 수 있다.

평가

평가	적극 참여	보통	참여 안 함
홀 청소에 필요한 청소도구를 선택하고 홀 청소를 하는가?	○	○	○
주방 청소에 필요한 청소도구를 선택하고 주방 청소를 하는가?	○	○	○
쓰레기를 소재에 따라 분리하여 배출하는가?	○	○	○

12차시 어서오세요, 주문하시겠습니까

학습 목표 기기를 사용하여 고객의 음료 주문을 받아 계산하고, 다양한 상황에서 적절한 말과 행동으로 고객을 응대한다.

학습 계획

차시 개관

이 차시에서는 매장에 방문한 고객을 응대하는 인사말과 행동에 대해 알아보고 역할극 및 실습을 하며 실제 고객 대응 역량 향상을 목표로 지도한다. 또한 계산기, 포스기, 주문서 등을 활용하여 고객의 음료 주문을 받고 계산하는 실무 능력을 키울 수 있도록 한다.

학습 자료

POS기(태블릿PC), 카드, 현금, 사진 자료, 각종 주문서, 계산기, 상황별 응대 대본 카드, 가위, 펀치, O링 등

※ 카드나 현금을 사용하여 수업할 경우 분실·훼손의 우려가 있으면, 필요에 따라 카드나 현금 모형을 활용할 수 있음

학습 활동

1. 주문서 및 계산기 사용하기
2. 포스기 사용하기
3. 다양한 상황에서 고객 응대하기

관련 자료

• 더스칼러빈 자료집

학습 활동

활동하기 | 주문서 및 계산기 사용하기

■ 주문서 양식의 구성 요소를 알고 주문서에 표시된 메뉴를 알아본다.

주문서는 고객이 해당 매장에서 구입하고 싶은 물건에 대한 정보를 기록하는 종이입니다. 그렇다면 카페 매장에서 사용하는 주문서에는 어떤 정보가 담겨 있을까요? 바로 음료의 이름, 수량, 가격이에요. 선생님이 제시하는 주문서에는 다양한 고객들의 요구사항이 담겨져 있는데요, 우선 주문서를 보고 고객이 어떤 음료를 구입하고 싶어하는지 알아볼까요?

• 다양한 종류의 주문서를 관찰한다.

| 식당 주문서 양식 | 기타 주문서 양식 | 헤림커피 주문서 양식 |

- 주문서에 포함되는 정보(메뉴, 수량, 가격) 탐색하기
- 예로 제시된 주문서에 표시된 메뉴 파악하기

■ 계산기를 사용하여 주문서에 기입된 음료의 가격을 계산한다.

이제 주문서에 작성된 정보를 바탕으로 실제 고객이 내야하는 돈은 얼마인지 계산해 보도록 해요. 먼저 몇 가지 예시 문제를 통해 계산기의 +, × 을 사용해 봅시다. 연습이 충분히 되었으면 예시로 제시된 주문서의 음료 구입 총 금액은 얼마인지 계산기를 활용하여 계산해 봐요.

• 사칙연산에 대한 이해를 바탕으로 +, × 사용을 연습한다.
  - 주문서에 표시된 음료 가격 계산하기

수업 Tip

• 음료를 주문 받기 위해 계산기에서 사용되는 핵심 연산자 +, ×에 붙임딱지를 붙이거나 색테이프로 색깔 단서를 주어 시각적 단서를 추가하면 더욱 효과적인 교육이 가능하다.

• +, ×를 능숙하게 수행하는 학생의 경우 계산기를 사용한 -, ÷ 활용 교육을 실시할 수 있다. 이는 실제 음료 값을 똑같이 나누어 계산하거나 주문을 취소하는 경우에 활용 가능한 연산자이므로 학생의 수준을 고려하여 심화 교육을 실시한다.

활동하기 포스기 사용하기

■ 포스기의 구성 요소와 주요 기능에 대해 알아본다.

> **Q** 포스라고 부르는 기기는 POS 시스템을 이용하기 위한 컴퓨터를 의미해요. 여기서 POS 시스템은 컴퓨터를 이용하여 판매 정보를 관리하는 시스템을 말한답니다. POS 시스템은 판매하는 회사마다 조금씩 차이가 있지만 기본적으로 포스 본체(포스기), 금전함, 키보드, 마우스, 유선 단말기로 이루어져 있어요. 그렇다면 포스기는 어떤 기능을 가지고 있을까요?

수업 Tip

• 포스기 주요 기능
 - 회원 등록·관리
 - 재고 조회·조정
 - 메뉴 등록·수정 + 결제
 - 매출 내역

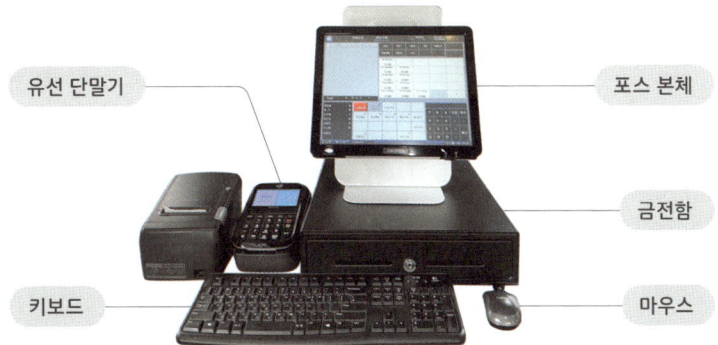

포스기 구성 요소

• 포스기의 구성 요소를 관찰한다.
 - 포스 본체, 금전함, 키보드, 마우스, 유선 단말기 등 관찰하기
• 포스기의 주요 기능을 알아본다.
 - 포스기 주요 기능 소개 영상 시청하기
 - 포스기 조작하여 주요 기능 관찰하기

■ 포스기 주문 등록 및 결제 기능 사용법을 알고 사용한다.

> **Q** 포스기는 많은 기능을 가지고 있지만 우리는 그 중에서도 고객의 주문을 등록하고 결제하는 방법에 대해 알아볼게요. 고객의 주문을 바탕으로 포스기에 메뉴를 등록하고 나면 계산기를 사용하지 않아도 전체 가격이 자동으로 계산되는데요. 그럼 고객은 어떤 방법으로 돈을 낼 수 있을까요? 카드를 사용하거나 현금을 사용하거나 또는 포인트를 사용하여 결제할 수 있어요. 이제 포스기를 활용하여 고객의 주문을 받고 계산하는 방법에 대해 알아보고 직접 사용해보도록 해요.

포스기 주문 등록 장면

포스기 카드 결제 장면

- 포스기 주문 등록 및 결제 기능 사용법을 알아본다.
  - 포스기 주문 등록(메뉴 등록) 방법 익히기
  - 주문 등록 내용에 따른 결제 방법(카드 결제, 현금 결제, 포인트 사용 등) 익히기
  - 주문서를 바탕으로 주문 등록 및 결제방법 익히기
- 포스기 주문 등록 및 결제 기능을 사용한다.
  - 포스기 주문 등록 및 결제 기능 실제로 사용하기

활동하기　다양한 상황에서 고객 응대하기

■ 고객 응대 시 적절한 표정과 자세를 알아본다.

> 고객 응대의 기본은 상황에 적절한 행동과 말의 사용이에요. 여러분이 카페 매장을 이용했던 경험을 떠올리며 매장 직원의 어떤 태도와 말이 여러분에게 좋은 서비스를 받고 있다는 느낌이 들게 했는지 한 번 생각해 볼까요?

- 고객 응대 시 적절한 표정과 자세를 연습한다.
  - 평상 시 자연스러운 미소와 온화한 표정, 바른 자세 유지하기
  - 환대 및 배웅 시 고개 숙여 인사하기
  - 인사 및 주문을 받을 경우 크고 분명한 발성과 정확한 발음으로 말하기
- 상황에 따른 고객 응대 방법을 알아본다.

상황에 따른 고객 응대 예시 매뉴얼

상황	인사말	태도 및 유의점
고객 맞이하기	- 어서오세요. ○○ 카페입니다. - 반갑습니다. ○○ 카페입니다. - 안녕하세요? ○○ 카페입니다.	- 밝은 미소와 목소리 - 인사할 때 고개 숙이기 - 눈 맞추기
주문받기	- 주문하시겠습니까? - 주문 도와드리겠습니다. - 주문 내용 확인하겠습니다. 　(손님이 주문한 내용 그대로 읽으며) 　맞으십니까?	- 정확하고 분명한 목소리 - 밝은 미소 - 주문 내역 확인하기
	- 총 ○○○○ 원입니다. - 결제는 무엇으로 하시겠습니까? - (고객이 선택한 결제 방법에 따라) 　카드 받았습니다. / ○○○○ 원 받았습니다. / 　포인트 사용하겠습니다. - 영수증 드리겠습니다. - (번호표 또는 호출벨을 전달하며) 　잠시만 기다려주세요.	- 금액 정확하게 읽기 - 결제금액 확인하기
음료 전달하기	- 주문하신 음료 나왔습니다. - 주문하신 음료 ○○ 잔 나왔습니다. - 맛있게 드세요.	- 음료 음용 시 유의점 있으면 전달하기 　(시럽 위치, 뜨거운 음료 섭취 시 유의, 　뚜껑에 음료 표시 등)
고객 배웅하기	- 감사합니다. 안녕히 가세요. - 감사합니다. 또 오십시오.	- 밝은 미소와 목소리 - 인사할 때 고개 숙이기

82　Ⅲ. 위생과 대인 서비스 ｜ 카페, 커피를 만나는 곳

🛈 **수업 Tip**
- 음료를 고객에게 제공할 때 학생의 수준에 따라 음료와 관련한 정보 (원두의 특성이나 추천하는 음용법 등)를 함께 소개할 수 있도록 지도 가능하다.

■ 고객 응대 상황에 따른 역할극을 한다.

Q 앞서 배운 상황에 따른 적절한 표정과 자세, 말을 활용하여 짝과 함께 역할극을 하면서 적용해보도록 해요. 준비됐나요?

- 짝과 함께 고객과 직원의 역할을 맡아 역할극을 한다.
  - 대본 카드 활용하여 역할극 해보기
  - 역할을 바꾸어가며 역할극 해보기

○ **상황 1** 맞이 인사   바리스타

바리스타 : 어서오세요, [　　　] 카페입니다.
손님 : 안녕하세요.

○ **상황 2** 주문받기   바리스타

바리스타 : 주문 도와드리겠습니다.
손님 : [　　　] 주세요.

○ **상황 1** 맞이 인사   손님

바리스타 : 어서오세요, [　　　] 카페입니다.
손님 : 안녕하세요.

○ **상황 2** 주문받기   손님

바리스타 : 주문 도와드리겠습니다.
손님 : [　　　] 주세요.

평가	적극 참여	보통	참여 안 함
주문서의 정보를 읽고 계산기를 사용하여 주문내역 총 금액을 계산하는가?	○	○	○
포스기의 구성 요소를 관찰하고 주문 등록 및 계산 기능을 순서에 맞게 사용하는가?	○	○	○
고객을 응대할 때 상황에 맞는 행동과 말을 사용하는가?	○	○	○

MEMO

IV

커피 추출
커피를 요리하다

13차시	커피 추출의 첫걸음 에스프레소
14차시	커피의 심장 에스프레소
15차시	반짝반짝 부드러운 우유 거품
16차시	우유 거품 풍성한 카푸치노
17차시	에칭펜과 툴로 라떼아트 만들기
18차시	신기한 추출의 세계
19차시	집에서 마시는 에스프레소
20차시	커피가 과학이라고

13차시 커피 추출의 첫걸음 에스프레소

학습 목표 에스프레소의 의미와 특징을 이해한 후 에스프레소 커피액과 크레마를 구분한다.

학습 계획

차시 개관
이 차시에서는 에스프레소의 의미와 추출 특징을 살펴보고 에스프레소 머신을 이용한 실제 추출 실습을 하기 전, 바리스타 직무체험 애플리케이션을 활용하여 가상 추출 연습을 하고자 한다. 또한 에스프레소에서 커피액과 크레마를 구분하여 색칠하는 활동을 하면서 사용되는 원두의 로스팅 정도에 따라 색깔과 맛의 차이가 있을 수 있다는 것을 인지시킨다. 이후 크레마는 에스프레소의 가장 중요한 특징이며 크레마를 통해 커피의 신선도를 알 수 있다는 것을 알려주도록 한다.

학습 활동
1. 에스프레소의 의미와 특징(압력, 추출 시간, 추출량 등) 이해하기
2. 바리스타 직무체험 애플리케이션을 활용하여 에스프레소 추출 실습하기
3. 에스프레소에서 커피액과 크레마 구분하기

학습 자료
에스프레소 머신, 포터필터, 그라인더, 탬퍼, 탬핑매트, 원두, 넉박스, 행주, 데미타세, 샷 글라스, 스마트폰 혹은 태블릿PC, 색연필 등

관련 자료
- 더스칼러빈 자료집

Note

수업 Tip
- 에스프레소를 참기름과 비교해서 알기 쉽게 설명해주어도 좋다. 참깨를 볶은 후 기계를 이용하여 눌러 짜면 참기름이 되는 것과 같은 원리임을 알려준다.
- 에스프레소 머신이 구비되어 있는 경우 교사가 에스프레소 추출 시범을 보이면서 학생들이 관찰할 수 있게 하고, 이때 머신 압력계 작동, 추출 시간, 추출량 등을 직접 경험할 수 있게 한다.

수업 Tip
- 샷 글라스를 좌우로 기울여보면서 크레마가 끊어지는지 살펴보고 크레마가 끊어져서 커피액이 보이면 좋지 않은 것이라고 설명한다.

수업 Tip
- 에스프레소 머신이 없는 경우 '레버프레소'와 같은 휴대용 에스프레소 장비를 구입하여 에스프레소를 마셔보게 하는 것도 좋다. '레버프레소'는 온라인쇼핑몰에서 구입이 가능하다.
- 에스프레소를 마실 때는 커피액 위의 크레마가 먼저 입속으로 들어와 입안을 감싸기 때문에 부드러운 감촉을 제일 먼저 느낄 수 있다고 알려준다.

학습 활동

알기 에스프레소의 의미와 특징(압력, 추출 시간, 추출량 등) 이해하기

■ 에스프레소의 추출 동영상을 시청한다.

에스프레소는 동영상에서 보았듯이 에스프레소 머신을 이용해서 굉장히 짧은 시간 동안 압력을 가해 추출한 커피를 말해요. 즉, '곱게 분쇄한 원두에 압력을 가한 뜨거운 물로 짧은 시간 안에 추출하여 작은 컵(데미타세)에 마시는 농축된 커피'를 의미하지요. 여기에서 압력은 9기압 이상, 시간은 20~30초, 추출량은 25~30ml를 말한답니다.

에스프레소 머신

- 에스프레소를 담는 잔이 데미타세라는 것을 알려준다.
  - 데미타세 살펴보기

■ 에스프레소의 크레마를 살펴본다.

커피 안에는 탄수화물, 단백질, 지방 등 여러 가지 물질들이 있어요. 그중 지방 성분은 에스프레소를 추출할 때 물에 녹는 성분과 섞이면서 고운 황금색의 거품을 만들어 내는데 이를 '크레마'라고 하고요, 이 크레마는 에스프레소의 가장 중요한 특징이에요. 이러한 크레마는 원두의 종류와 양, 분쇄 정도, 탬핑, 물의 온도, 압력, 시간 등에 영향을 받아요. 그리고 우리는 크레마를 통해서 커피의 신선도를 가늠할 수 있답니다.

- 에스프레소에서 커피액과 크레마를 구분한다.
  - 에스프레소 머신이 구비되어 있는 경우: 교사가 샷 글라스에 추출한 에스프레소를 통해 크레마 관찰하기
  - 에스프레소 머신이 없는 경우: 동영상을 통해서 크레마 찾아보기

에스프레소는 뜨거운 열과 압력에 의해 추출된 아주 농축된 커피인 만큼 커피의 맛이 굉장히 진하답니다. 여러분 중에 혹시 에스프레소를 직접 추출해 본 학생이나 마셔본 학생이 있다면 이야기해 볼까요?

- 에스프레소를 마셔본 경험이 있는 학생은 이야기 나눈다.
  - 에스프레소의 느낌, 맛, 향 등에 대해 이야기 나누기

| 펼치기 | 바리스타 직무체험 애플리케이션을 활용하여 에스프레소 추출 실습하기 |

■ 국립특수교육원에서 제공하는 바리스타 직무체험 애플리케이션에 대해 알아본다.

 바리스타가 되고자 하는 여러분 같은 학생들을 위해서 국립특수교육원에서는 '바리스타 직무체험'이라는 애플리케이션을 제작했어요. 국립특수교육원 홈페이지에서 다운로드할 수 있고, 애플리케이션을 통해 바리스타 직무에 관한 여러 가지 내용을 제공받을 수 있답니다. 오늘은 태블릿PC나 핸드폰에 이 애플리케이션을 설치하여 에스프레소 추출에 대해 살펴볼게요.

바리스타 직무체험 애플리케이션 화면

> **수업 Tip**
> • 바리스타 직무체험 애플리케이션의 경우 안드로이드 체제에서만 실행이 가능하다.

• 국립특수교육원 홈페이지에서 에듀에이블 내의 '진로 고등'에 바리스타 직무체험 애플리케이션을 다운로드 받는다.
 - 바리스타 직무체험 애플리케이션 다운로드 받기

■ 애플리케이션을 통해 에스프레소 추출에 필요한 도구를 살펴본다.

• 애플리케이션을 실행하여 순서대로 터치하며 에스프레소 추출에 필요한 도구들을 살펴본다.

> **수업 Tip**
> • 본 단원에서는 제빙기가 필요하지 않으므로 제빙기에 대한 설명은 생략해도 무방하다.
> • 실제로 구비되어 있는 도구들이 있다면 학생들이 가까이에서 관찰할 수 있도록 한다.

  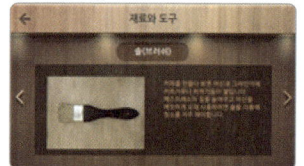

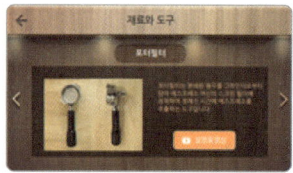  

 - 애플리케이션을 통해 에스프레소 추출에 필요한 도구들 살펴보기

■ 애플리케이션을 사용하여 에스프레소 추출을 실습한다.
- 애플리케이션을 실행하여 순서대로 터치하며 에스프레소 추출을 실습한다.

  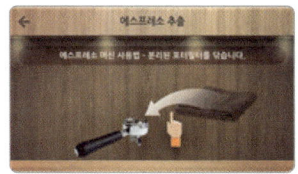

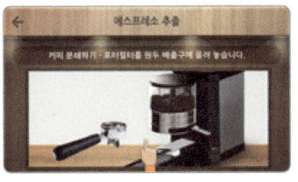  

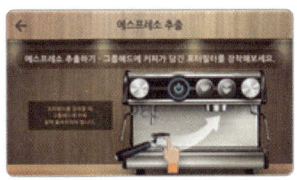  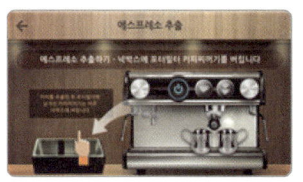

- 애플리케이션을 통해 에스프레소 추출 실습하기
- 커피 수평으로 다져주는 작업 알아보기

활동하기 에스프레소에서 커피액과 크레마 구분하기

■ 샷 글라스에 대해 알아본다.

• 샷 글라스를 살펴본다.

Q 여기 유리로 된 작은 잔이 있어요. 데미타세 외에도 에스프레소를 담는 잔 중에는 여러 가지가 있는데, 이렇게 투명한 유리로 되어있고 눈금이 표시되어 있는 잔을 샷 글라스라고 해요. 샷 글라스에는 눈금이 표시되어 있어서 에스프레소가 얼마나 추출되었는지 확인할 수 있답니다. 점선을 따라서 샷 글라스 테두리를 그려 볼까요?

- 점선을 따라 샷 글라스 그리기

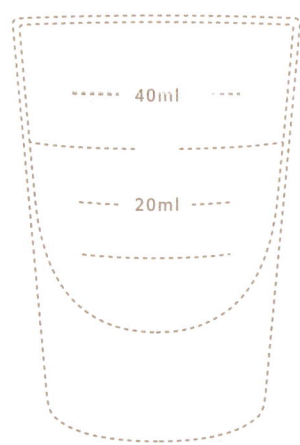

💡 수업 Tip

• 샷 글라스에 에스프레소의 양을 측정할 수 있는 눈금이 있으므로 에스프레소 1인분의 양이 25~30ml라는 것을 유념하여 활동할 수 있도록 지도한다.

■ 에스프레소를 생각하며 샷 글라스에 커피액과 크레마를 색칠한다.

Q 에스프레소 추출 동영상을 보았던 것 기억하지요? 이제 여러분이 그린 샷 글라스의 밑그림에 에스프레소를 색칠해 보세요. 에스프레소의 커피액 부분과 크레마의 색깔도 구분해서 색칠하면 더 좋겠지요?

• 커피액과 크레마를 구분하여 샷 글라스 밑그림에 에스프레소를 색칠한다.
  - 에스프레소를 색칠할 때 커피액과 크레마 구분하기

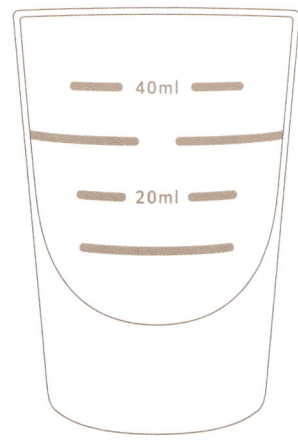

💡 수업 Tip

• 에스프레소를 추출할 때 사용되는 원두에 따라 커피액과 크레마의 색깔이 달라진다는 것을 알려주어 색깔이 획일화되어 표현되지 않도록 지도한다.

+ 보충 자료 **에스프레소의 추출 기준(1인분)**

항목	일반적 기준	World Barista Championship	이탈리아
커피양(g)	7±1	-	7±0.5
추출량(ml)	25±5	30±5	25±2.5
물의 압력(bar)	9±1	9±0.5	9±1
추출 시간(초)	25±5	25±5(권장 사항)	25±5
물의 온도(℃)	90-95	90.5-96.0	88±2

「All New 커피 인사이드」 p. 381 발췌

<u>World Barista Championship(WBC)</u>

월드 커피 이벤트(WCE)에 의해 매년 개최되는 세계 바리스타 선수권대회이다. 참가자들은 음악에 맞춰 15분간의 공연으로 에스프레소 4잔, 우유음료 4잔, 오리지널 시그니처 음료 4잔을 엄격한 기준에 맞춰 준비하고, 전 세계의 공인 심사위원은 맛, 청결도, 창의성, 기술력 및 전체적인 프레젠테이션에 대해 각 시연을 평가한다. 시그니처 음료 부문에서는 바리스타들의 상상력을 토대로 풍부한 커피 지식, 각자의 취향과 경험을 표현한다. 1라운드에서 가장 높은 점수를 받은 상위 15명의 선수와 단체전에서 와일드카드를 획득한 선수가 준결승에 진출하고, 4강전에서 상위 6명의 선수가 결승전에 진출하여 우승자를 선발한다. 우리나라에서는 2019년 미국 보스턴에서 열린 WBC에서 모모스커피의 전주연 바리스타가 우승을 거머쥐었다.

평가	적극 참여	보통	참여 안 함
에스프레소의 의미와 특징에 대해 이해하는가?	○	○	○
바리스타 직무체험 애플리케이션을 활용하여 에스프레소 추출 실습에 참여하는가?	○	○	○
샷 글라스 밑그림에 에스프레소를 색칠할 때 커피액과 크레마를 구분하는가?	○	○	○

14차시 커피의 심장 에스프레소

학습 목표 에스프레소를 추출하여 적절한 서비스 멘트와 함께 서빙한다.

학습 계획

차시 개관
이 차시에서는 에스프레소 머신의 구조 및 명칭과 명칭에 따른 역할을 알아보고 에스프레소를 순서에 맞게 추출한 후 서빙하는 것까지 다뤄본다. 에스프레소를 추출하면서 머신에 대한 막연한 두려움을 없애고, 추출에서 이루어지는 레벨링, 탬핑 등 일련의 과정들이 자연스럽게 하나의 동작으로 이어질 수 있도록 지도한다. 서빙을 해보면서 실제 바리스타의 역할 중에 커피를 만드는 것뿐만이 아닌 고객 응대 즉, 대인 서비스 분야도 중요한 바리스타의 기본 역량 중 하나임을 알도록 한다.

학습 활동
1. 에스프레소 머신 알기(구조, 명칭, 역할)
2. 에스프레소 추출하기
3. 에스프레소 서빙하기

학습 자료
에스프레소 머신, 그라인더, 원두, 포터필터, 넉박스, 탬퍼, 탬핑매트, 행주, 데미타세, 쟁반, 티스푼, 각설탕 등

관련 자료
- 더스칼러빈 자료집

Note

학습 활동

알기 에스프레소 머신 알기(구조, 명칭, 역할)

■ 다양한 에스프레소 머신의 사진을 본다.

 에스프레소는 에스프레소 머신이 있어야 추출이 가능하다고 배웠어요. 에스프레소 머신의 종류는 굉장히 다양하답니다. 혹시 집에 가정용 에스프레소 머신이 있는 학생 있나요? 가정에서 사용하는 에스프레소 머신은 크기가 작고 주로 에스프레소를 한 잔 추출할 수 있는 크기로 만들어져요. 반면 카페에서 사용되는 업소용 에스프레소 머신은 크기도 더 크고 한 번에 여러 잔을 추출할 수 있답니다.

• 에스프레소 머신을 작동시켜본 경험이 있는 학생은 이야기 나눈다.
  - 작동시켜본 머신의 종류, 작동시켰을 때의 느낌 등을 이야기 나누기

가정용 에스프레소 머신	업소용 에스프레소 머신

* 에스프레소 머신의 분류 기준은 다양하나 본 차시에서는 학생의 이해를 돕기 위해 가정용과 업소용으로만 구분하기로 한다.

참고 자료 에스프레소의 4M

Mix
블렌딩한 원두

Mill
원두를 분쇄할 그라인더

Machine
에스프레소를 추출할 머신

Man
바리스타

■ 에스프레소 머신의 외부 구조를 살펴본다.

> **Q** 에스프레소를 추출하려면 에스프레소 머신에 어떤 버튼과 장치가 있는지 알아야 해요. 에스프레소의 맨 윗부분에는 컵을 데울 수 있는 컵 워머가 있고요. 우유 거품을 만들 수 있는 스팀 완드와 에스프레소가 추출되어 나오는 그룹헤드 등이 있답니다. 구체적으로 선생님과 함께 살펴볼게요.

• 에스프레소 머신의 외부 구조와 명칭을 알아본다.

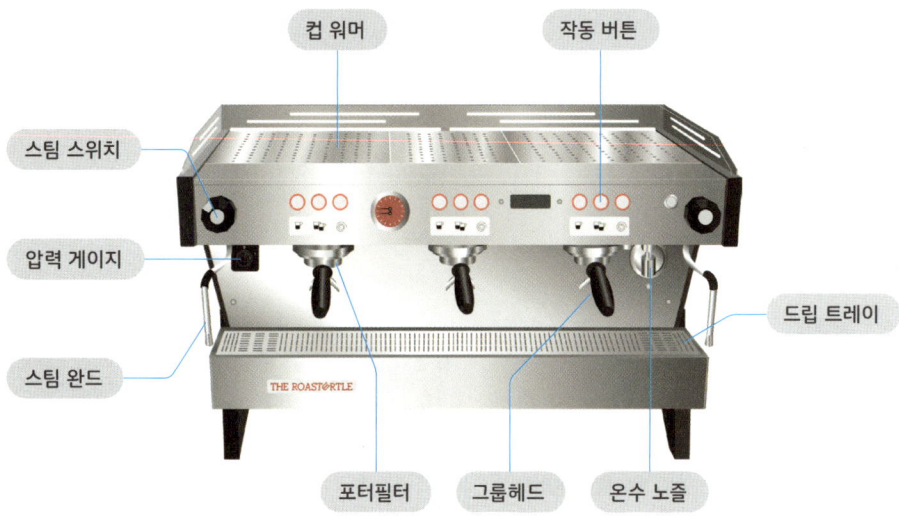

- 에스프레소 머신의 부위별 명칭 말해보기

• 에스프레소 머신의 명칭에 따른 역할을 알아본다.

그룹헤드	포터필터	스팀 완드
포터필터를 장착하는 곳으로 에스프레소 추출을 위해 마지막에 이곳에서 물이 분사됨	분쇄된 커피를 담아 그룹헤드에 장착시키는 기구로 온도 유지를 위해 항상 그룹헤드에 장착해 놓고 사용해야 함	보일러에서 만들어진 스팀을 분사시키는 장치로 스팀밸브를 통과한 스팀이 분사됨
압력 게이지	**컵 워머**	**작동 버튼**
펌프 압력과 스팀 압력을 표시하는 것으로 하나의 게이지로 표시되기도 하고 각각 표시되기도 함	열선에 의해 컵이나 잔 받침 등을 예열하는 장치로 여기에 물을 부으면 고장이 날 수 있으므로 주의해야 함	보통 5개로 구성되어 있고 최근에는 터치식도 사용됨. 컵이 하나 그려져 있는 버튼은 1잔 용. 두 개 그려져 있는 것은 2잔 용이고 많은 양이 담긴 컵은 더 많은 양을 추출할 때 사용함. 나머지 한 개는 사용자가 임의로 작동을 멈추는 프리 버튼으로 뜨거운 물을 흘리거나 그룹헤드를 청소할 때 사용함
드립 트레이	**온수 노즐**	
커피 추출액이나 물을 버릴 수 있는 곳으로 머신 하부에 있음	보일러에 의해 데워진 뜨거운 물을 외부로 공급해 주는 장치임	

- 에스프레소 머신의 각 부위별 역할 살펴보기

> **❗ 수업 Tip**
>
> • 에스프레소 머신마다 그룹헤드의 개수, 압력 게이지가 있는 위치, 스팀 완드의 형태 등에 차이가 있다.
>
> • 추출수와 스팀 분출 여부를 확인할 때 뜨거운 온도로 인해 화상을 입지 않도록 주의한다.
>
> • 그룹헤드가 2개 있는 머신은 2그룹 머신이라 부르고, 그룹헤드가 3개 있는 머신은 3그룹 머신이라 부른다.

펼치기 에스프레소 추출하기

■ 단계에 맞추어 에스프레소를 추출한다.

Q 이제 에스프레소 머신을 사용하여 직접 에스프레소를 추출해 봐요. 먼저 그룹헤드에 장착된 포터필터를 분리하고 마른행주를 이용해서 포터필터 내부를 깨끗하게 닦아 물기를 제거해 주세요. 행주를 얇게 잡고 닦으면 더 잘 닦인답니다.

- 포터필터를 분리하여 물기를 제거한다.

Q 포터필터의 내부를 깨끗하게 닦았으면 그라인더 거치대에 포터필터를 올려놓아 주세요. 이때 포터필터 윗부분으로 작동 스위치를 눌러주면 정해진 분량의 커피가 담긴 후 작동이 멈춰요.

- 자동 그라인더를 사용하여 원두를 분쇄한다.

🔍 참고 자료

최근에는 대부분 자동 그라인더를 사용하지만 수동 그라인더를 사용하는 곳도 있다. 수동 그라인더는 레버 작동을 신속하게 해서 커피가 과도하게 포터필터에 담기지 않도록 하는 것이 중요하다. 이렇게 하려면 포터필터를 적당히 돌려가면서 커피를 받아야 고르게 담을 수 있는데, 커피를 받을 때 중요한 것은 일정량의 커피를 받는 것과 한쪽으로 치우치지 않도록 받는 것이다.

포터필터 거치대에 올려놓고 스위치 켜기 / 레버 앞으로 당겼다 놓기 / 일정량의 커피가 담길 때까지 반복하기

> **Q** 커피를 담으면 커피가 어느 부분에는 덜 담기고 어느 부분에는 더 담겨서 커피 표면이 고르지 않아요. 그래서 덜 담긴 부분은 채워주면서 남는 커피는 중앙으로 모아준 후 모인 커피를 도구나 손을 사용해서 깎아버리는데, 이 같은 작업을 레벨링이라고 해요. 레벨링은 커피 표면을 수평이 되게 해 주는 것이 중요하답니다.

! 수업 Tip
- 장애 특성상 손을 이용한 레벨링이 어려운 학생은 처음부터 도구를 사용하여 연습할 수 있도록 지도한다.
- 최근에는 도구를 이용하는 것이 위생상 더 안전하다고 하여 바리스타 시험규정의 레벨링 항목에서 손이 아닌 도구를 사용하도록 시험규정을 바꾸는 기관도 있다.

• 레벨링을 한다.

> **Q** 레벨링까지 마치면 탬핑을 하는데, 탬핑은 담겨진 분쇄 커피를 일정한 힘으로 눌러서 다져주는 것을 말해요. 이와 같은 작업을 하는 이유는 분쇄된 커피 입자 사이의 간격을 고르게 해줘서 물이 일정하게 통과할 수 있도록 하기 위함이랍니다.

! 수업 Tip
- O.C.D 탬퍼나 마카롱 탬퍼를 사용하면 수평을 맞추고 밀도를 고르게 유지하기 좋다.
- 탬퍼를 포터필터 위에 올려놓은 뒤 오른쪽 방향으로(시계 방향) 회전시키면서 돌려주면 되고, 높낮이 조절도 가능하다.
- Y형과 플랫형이 있으므로 선택하여 사용하면 된다.

• 탬핑을 한다.

O.C.D 탬퍼

마카롱 탬퍼

> **Q** 탬핑을 하면 커피 가루가 가장자리로 밀려 나와요. 가장자리에 붙어있는 커피 가루는 손을 이용해서 정리해줍니다. 커피 가루를 제거하지 않고 그대로 그룹헤드에 결합하면 커피 가루가 그룹헤드 내부에 달라붙어 위생상 좋지 않아요.

• 가장자리의 커피 가루를 털어준다.

> Q 추출을 위해 포터필터를 그룹헤드에 장착하기 전에는 반드시 추출 버튼을 눌러서 물을 빼줘야 해요. 이렇게 하는 이유는 내부에 붙어있는 커피찌꺼기를 없애고 가열되어 있는 뜨거운 물을 제거하기 위해서예요. 너무 뜨거운 온도로 커피를 내리면 커피가 엄청 써지거든요.

- 추출 전 물을 2~3초 동안 흘려준다.

> Q 여기까지 됐으면 이제 포터필터를 그룹헤드에 결합해 보도록 할게요. 포터필터는 8시 방향에서 앞쪽을 먼저 삽입해주고 뒤쪽은 살짝 들어 올려서 장착하면 쉽게 할 수 있어요. 장착을 하면 포터필터의 손잡이가 중앙으로 올 때까지 당겨주세요.

⚠ 수업 Tip
- 포터필터가 정확하게 장착되지 않거나 느슨하게 결합이 되면 추출할 때 누수가 발생되고 이는 커피 맛에 매우 큰 영향을 미친다.
- 포터필터를 장착한 후 포터필터의 수평이 맞지 않으면 정확하게 장착되지 않은 것이므로 결합 여부를 다시 확인한다.
- 머신과 포터필터의 사용 기간 등에 따라 포터필터를 장착한 이후 손잡이가 중앙에서 멈추지 않고 중앙을 넘어서 더 오른쪽까지 오는 경우가 있다.

- 포터필터를 그룹헤드에 결합한다.

> Q 포터필터를 장착한 후 추출 버튼을 누르고 잔을 드립 트레이 위에 올려놓아요. 머신에 따라서 잔을 먼저 놓고 추출 버튼을 누를 수도 있어요.

- 추출을 실행한다.

> Q 추출을 하고 난 뒤에는 넉박스의 바를 이용해서 커피찌꺼기를 제거합니다. 그 후 추출 버튼을 눌러서 포터필터 바스켓의 내부를 깨끗하게 청소하고 그룹헤드에 다시 장착해주면 추출 작업이 모두 종료된 것이에요.

⚠ 수업 Tip
- 2인 1조로 짝을 지어주어 한 명이 추출하는 동안, 다른 한 명은 추출을 위한 행주, 잔을 준비하도록 지도한다.

- 포터필터를 청소하고 그룹헤드에 장착한다.

활동하기 에스프레소 서빙하기

■ 데미타세와 스푼의 위치를 바르게 하여 쟁반에 셋팅한다.

> **Q** 집이나 학교에서 쟁반에 음료수나 물 등을 담아 누군가에게 가져다준 적 있지요? 에스프레소를 추출하면 주문한 고객에게 가져다드려야 해요. 고객에게 서빙 할 때는 에스프레소 전용 잔인 데미타세에 에스프레소를 받아서 가져다드리고요, 스푼을 같이 놓기도 해요. 에스프레소를 고객에게 제공할 때 데미타세와 스푼의 위치를 어떻게 놓아야 하는지 알아볼까요?

- 데미타세와 스푼의 놓는 위치를 알아본다.
  - 데미타세 손잡이와 스푼의 손잡이를 같은 위치에 놓기

> **Q** 스푼을 같이 놓는 것은 크레마와 커피액을 저어서 드시는 분들이 계시기도 하고 때로는 소량의 설탕을 넣어서 드시는 분도 계시기 때문이에요. 그래서 각설탕을 제공해 주는 카페도 있어요. 실제로 브라질에서는 에스프레소에 설탕을 넣어서 마신답니다.

■ 적절한 서비스 멘트와 함께 직접 서빙한다.

> **Q** 커피를 주문한 고객에게 음료를 제공할 때 무표정한 얼굴로 음료만 제공하는 것보다 웃는 얼굴로 제공하면 더 좋겠지요? 바리스타는 커피를 만드는 것뿐만 아니라 고객과의 소통도 매우 중요한 직업이에요. 음료를 제공할 때는 "주문하신 음료 나왔습니다. 맛있게 드세요."와 같이 적절한 멘트를 하는 것도 중요하답니다. 서빙 할 때는 쟁반을 테이블에 올려놓은 뒤 음료잔을 고객 앞에 놓아주면서 멘트를 하고 쟁반은 가지고 돌아오면 돼요. 같이 해볼까요?

수업 Tip
- 쟁반을 한 손으로 들고 있을 수 있는 학생은 쟁반을 테이블에 올려놓지 않아도 된다. 한 손 서빙이 어려운 학생은 양손을 사용하여 서빙 할 수 있도록 지도한다.
- 서빙 중 음료를 엎거나 잔을 떨어뜨리는 경우가 생기면 당황하지 않고 "죄송합니다. 다시 준비해 드리겠습니다."로 대처할 수 있도록 한다.

- 서비스 멘트를 말해 본다.
  - 한 손으로 에스프레소를 서빙하며 "주문하신 음료 나왔습니다. 맛있게 드세요." 말하기
  - 양손으로 에스프레소를 서빙하며 "에스프레소 나왔습니다. 맛있게 드세요." 말하기

한 손 서빙 　　　　　　　　양손 서빙

평가	적극 참여	보통	참여 안 함
에스프레소 머신 각 부위의 명칭과 역할을 아는가?	○	○	○
에스프레소를 순서에 맞게 추출하는가?	○	○	○
에스프레소를 서빙 할 때 바른 태도를 유지하며 적절한 서비스 멘트를 하는가?	○	○	○

15차시 반짝반짝 부드러운 우유 거품

학습 목표 우유 거품 만들기의 과정을 알고 실습에 참여한다.

학습 계획

차시 개관
이 차시에서는 카푸치노, 카페라떼 등 커피 메뉴를 만들 때 필요한 우유 거품을 만들기 위해 우유 거품을 만드는 과정과 단계뿐만 아니라 거품을 만든 후 스팀 완드와 팁의 관리 부분까지 포함하여 다뤄본다. 또한, 우유 거품을 만들기 위한 스팀 분사 과정에서 안전상 주의점을 반드시 지킬 수 있도록 지도한다.

학습 활동
1. 우유 거품 만드는 과정 알기
2. 우유 거품 만들기
3. 에스프레소에 우유 거품 붓기

학습 자료
에스프레소 머신, 우유(저지방 우유 X), 면 행주, 스팀피처(600ml), 카푸치노잔, 각종 파우더 및 시럽(초코, 말차, 시나몬 등), 색연필 등
※ 에스프레소 머신이 없다면 전동 수동 거품기나 자동 거품기 등을 활용

관련 자료
- 더스칼러빈 자료집
- 우유 거품 만들기 동영상

| Note | 학습 활동 |

알기 우유 거품 만드는 과정 알기

■ 우유 거품의 맛을 보거나 본 경험이 있는지 이야기 나눈다.

 드라마나 영화에서 커피를 마시다가 입술에 우유 거품이 묻은 장면을 본 적이 있나요? 어떻게 하면 우유 거품을 만들 수 있을까요?

• 카푸치노나 카페라떼를 마셔본 경험이 있는 학생은 이야기 나눈다.
  - 우유 거품의 느낌이 어떠했는지 이야기 나누기

 우유 거품을 만들기 위해서는 에스프레소 머신의 스팀을 이용해야 해요. 스팀은 매우 뜨거우므로 조심스럽게 다루어야 한답니다. 우유 거품을 만들기 위해 필요한 도구를 알아보고 어떻게 우유 거품을 만드는지 알아볼까요?

⚠️ 수업 Tip

• 스팀 완드나 스팀 완드 팁은 뜨거운 경우가 많으므로 스팀 탭의 고무 부분을 잡고 작동시키도록 한다.

• 처음 머신의 스팀을 보면 학생들이 무서워하거나 스팀에 대해 두려워하기도 한다. 안전하게 사용할 수 있도록 주의하며 스팀 분사 장치에 익숙해지도록 반복하여 연습한 후 실습에 참여하게 한다.

• 스팀 분사 장치는 레버 방식과 다이얼 방식이 있고, 스팁 완드 팁도 머신에 따라 형태가 다양하다.

스팀 분사 장치

레버 방식   다이얼 방식

스팀 완드 팁

다양한 형태의 스팀 완드 팁

■ 우유 거품을 만들기 위해 필요한 도구의 이름을 익힌다.

• 각 도구의 이름을 알아본다.

스팀피처   우유   스팀용 면 행주

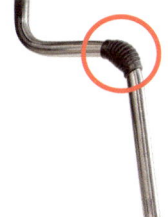  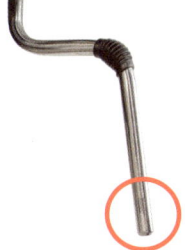

스팀 탭   스팀 완드   스팀 완드 팁

■ 우유 거품 만드는 과정을 알아본다.

- 전 단계 : 스팀을 분사한다.
- 1단계 : 스팀 완드 팁을 우유에 담근 후 스팀을 분사하며 공기를 주입한다.
- 2단계 : 스팀 완드 팁을 고정시킨 후 거품과 우유를 혼합시킨다.
- 3단계 : 우유 온도를 체크 한 후 스팀을 잠가준다.

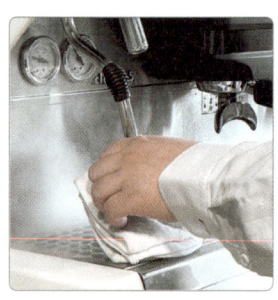		
전 단계	1단계	

2단계	3단계	

- 우유 거품 만들기의 단계별 과정을 알맞은 것끼리 연결하기

 우유 거품은 뜨거운 스팀이 스팀 완드를 통해 분출되면서 주변의 공기를 같이 끌고 들어가 우유로 흡입되어 만들어져요. 스팀 완드 팁을 우유 표면에 많이 노출 시키면 공기가 많이 들어가 거품이 거칠어진답니다. 반대로 스팀 완드 팁을 깊게 넣어 공기가 우유 속으로 들어가지 않으면 거품이 만들어지지 않고, 우유만 뜨거워져요. 그래서 우유 거품을 잘 만들려면 스팀 완드 팁을 우유 표면에 살짝만 담가주는 것이 중요해요.

실습하기 우유 거품 만들기

■ 우유 거품 만들기 과정을 살펴보고 실습에 참여한다.

- 1분 가량의 우유 거품 만들기(우유 스티밍) 동영상을 시청한다.
- 우유 거품 만들기 과정을 살펴본다.

⚠ 수업 Tip

- 저지방 우유의 경우 거품이 잘 생성되지 않으므로 일반 우유를 준비하고, 우유나 피처는 차가운 상태를 유지하도록 한다.
- 연속 사용을 할 경우 거품을 낸 피처는 차가운 물로 씻어서 피처의 온도를 낮추어야 거품이 잘 만들어진다.
- 유통기한이 긴 멸균 우유의 사용도 가능하다.

102　Ⅳ. 커피 추출 | 커피를 요리하다

수업 Tip

- 우유에 스팀을 분사할 때는 교사가 피처를 잡고, 교사의 손 위에 학생의 손을 올려서 '손 아래 손' 전략을 사용하며 학생이 익숙해지면, '손 위의 손' 전략을 사용한다.
- 안전을 우선으로 지도하며 우유 거품 만들기 지도 시 최대-최소 촉진 절차의 단계를 활용하여 독립적으로 수행할 수 있을 때까지 반복한다.
- 우유 거품 만들기 활동에 참여가 어려운 학생의 경우 수동 거품기나 자동 거품기를 활용하여 거품을 만들 수 있도록 하여 최대한 활동에 참여하도록 유도한다.

전동 수동 거품기   자동 거품기

- 스팀이 분사될 때 학생이 놀랄 수 있으므로 활동 단계마다 교사가 먼저 언어적 단서를 제공한다.

피처에 우유 붓기

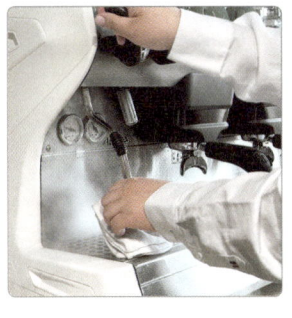
면 행주로 스팀 완드 팁을 감싼 후 스팀 빼주기

우유가 담긴 피처에 스팀 분사하기

거품 만들기
(공기 주입→혼합→가열)

스팀 꺼주기

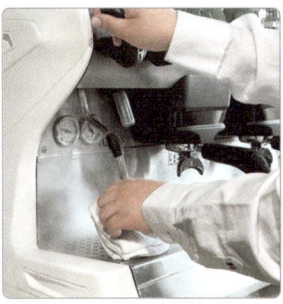
면 행주로 스팀 완드 팁을 감싼 후 스팀 빼주기

면 행주로 스팀 완드, 스팀 완드 팁 닦기

잔여 거품 없애기

피처를 바닥에 대고 원을 그리듯 돌려주며 거품 섞어주기

보조피처에 거품 나누기

잔에 우유 거품 붓기

- 우유 거품 만들기 과정의 순서대로 실습에 참여하기

더하기 에스프레소에 우유 거품 붓기

■ 에스프레소에 우유 거품을 붓는다.

• 에스프레소를 추출하며 우유 거품을 만든다.

 뜨거운 물 30ml에 초콜릿시럽을 섞은 후 우유 거품을 넣으면 초콜릿라떼가 돼요. 이처럼 에스프레소에 우유 거품을 넣을 수도 있답니다. 에스프레소에 우유 거품을 부어 볼까요?

- 카푸치노잔에 에스프레소 추출하기
- 에스프레소가 추출되는 동안 우유 거품 만들기
- 완성된 우유 거품 보조피처에 나누어 담기

수업 Tip

• 우유 거품 완성 후 거품을 깰 때는 우유가 피처 주변에 튈 수 있으므로 한 손은 피처를 잡고, 다른 한 손의 손바닥을 피처 위에 살짝 덮듯이 올려주어 큰 거품을 깰 수 있도록 한다. 피처를 위아래 방향으로 바닥에 가볍게 2~3번 치면 거품이 쉽게 깨진다.

■ 우유 거품을 에스프레소에 붓는다.

• 에스프레소가 담긴 잔을 기울인 상태에서 우유 거품을 부어준다.

잔을 기울여 우유 거품 붓기

안정화 단계

- 에스프레소에 우유 거품 부어주기
- 동그랗게 원을 그리듯(안정화) 돌려주며 적정량 부어주기

수업 Tip

• 처음 에스프레소에 우유 거품을 부을 때는 잔의 기울기나 우유 거품의 유량 등을 파악하기 어려우므로 물을 이용해 피처의 유량 굵기 조절을 연습한다. 익숙해지면 에스프레소에 우유 거품을 부어주고, '손 위의 손' 전략을 활용하여 실습에 참여할 수 있도록 한다.

• 우유 거품을 붓는 것이 어렵다면 피처를 살짝 기울여 우유를 부어주고, 스푼으로 거품을 떠올려 드라이 카푸치노로 대신할 수 있다.

평가	적극 참여	보통	참여 안 함
우유 거품 만드는 과정의 단계를 구분하는가?	○	○	○
우유 거품을 만드는 활동에 적극적으로 참여하는가?	○	○	○
에스프레소에 우유 거품 붓는 활동을 수행하는가?	○	○	○

16차시 우유 거품 풍성한 카푸치노

학습 목표 우유 거품을 완성하여 카푸치노를 만든다.

차시 개관

이 차시에서는 에스프레소와 스팀 우유, 우유 거품으로 구성된 카푸치노를 만드는 것에 중점을 두어 구성하였다. 스팀 우유와 우유 거품을 잘 섞이게 한 후 컵에 부어줄 때 피처의 높이와 각도, 유량의 굵기를 중심으로 지도하며, 피처를 쥘 때는 학생에게 가장 편안한 방법으로 쥘 수 있도록 한다. 이때 적어도 1cm 이상의 거품 두께가 부어질 수 있도록 우유 거품 붓는 방법에 유의한다.

학습 활동

1. 카푸치노 알기
2. 카푸치노 만들기
3. 카푸치노에 하트 그리기

학습 자료

에스프레소 머신, 우유(저지방 우유 X), 에스프레소, 면 행주, 스팀피처(600ml), 카푸치노잔, 인형솜(구름솜), 풀(양면 테이프), 색깔 모래, 색연필, 오링, 가위 등

※ 에스프레소 머신이 없다면 수동 거품기나 전동 거품기 등을 활용

관련 자료

- 더스칼러빈 자료집
- All New 커피 인사이드(유대준, 박은혜, 2021)
- 우유 거품 만들기, 카푸치노 만들기 동영상
- 커피소년 카푸치노 음원
  (https://www.youtube.com/watch?v=LXpKOJVnohM)

학습 활동

알기 | 카푸치노 알기

■ 카푸치노를 보거나 맛본 경험이 있는지 이야기 나눈다.

(카푸치노 사진을 제시하며) 카푸치노를 보거나 맛본 경험이 있나요? 카푸치노는 스팀 우유를 섞은 에스프레소 위에 풍성하고 부드러운 거품이 올려진 것이 특징이에요. 우유 거품을 이용하여 하트 모양이나 나뭇잎 모양(로제타)의 그림을 만들 수도 있어요.

■ 카푸치노를 따라 말하며 카푸치노에 대해 알아본다.

카푸치노는 에스프레소 위에 우유 거품을 올리고, 시나몬이라는 계피가루를 살짝 뿌려 마시는 커피를 말해요. 카푸치노의 거품은 부드럽고 매끄러울 때 우유의 단맛과 고소한 맛이 에스프레소와 조화를 이룰 수 있어요.

- '카푸치노' 음악을 들으며 카푸치노와 관련 있는 노랫말을 찾아본다.
  - 커피소년의 카푸치노 음악을 검색해서 듣기
  - 카푸치노와 관련 있는 노랫말 찾기
    (거품, 달콤했구나, 부드러웠구나… 등)

실습하기 | 카푸치노 만들기

■ 우유 거품 만드는 과정을 알아본다.

- 우유 거품 만드는 과정을 크게 다음과 같은 단계로 나누어 본다.
  - 전 단계: 스팀을 분사하는 단계
  - 1단계: 스팀 완드 팁을 담가 공기를 주입하여 우유에 거품을 생성하는 단계
  - 2단계: 우유 거품과 스팀피처 아래쪽의 우유를 섞어주는 단계
  - 3단계: 우유의 온도를 60~65℃까지 상승시키는 단계

우유 거품을 만드는 과정은 크게 세 단계로 나눌 수 있어요. 먼저 단계별 동영상을 볼 거예요. 스팀 완드 팁에서 뜨거운 스팀이 분사되기 때문에 항상 안전에 주의해야 해요. 면 행주는 우유 거품을 만들기 전에 차가운 물로 미리 적셔서 준비해 두세요. 스팀 우유를 만든 후에는 우유 거품이 담긴 피처를 바닥에 내려놓고 면 행주를 이용하여 스팀 완드와 스팀 완드 팁을 깨끗하게 청소해 주어야 한답니다. 이렇게 우유 거품 만드는 것을 '스티밍'이라고 말해요.

- 우유 거품 만들기 단계별 동영상을 시청한다.

수업 Tip

- 차가운 피처(600ml)에 250ml 정도의 우유를 붓는 것이 적당하며 신선한 우유를 사용한다. 한 번 가열했던 우유는 다시 사용하지 않는다.
- 피처의 손잡이를 잡는 방법은 여러 가지가 있으며 학생에게 편안한 방법으로 힘을 빼고 가볍게 피처의 손잡이를 잡도록 지도한다.
- 우유 거품 만들기 활동에 참여가 어려운 학생의 경우 수동 거품기나 자동 거품기를 활용하여 최대한 활동에 참여하도록 유도한다.

전동 수동 거품기

자동 거품기

수업 Tip

- 우유 거품 완성 후 거품을 깰 때는 우유가 피처 주변으로 튈 수 있으므로 한 손은 피처를 잡고, 다른 한 손의 손바닥을 피처 위에 살짝 덮듯이 올려주어 거품을 깰 수 있도록 한다. 피처를 바닥에 가볍게 2~3번 치면 거품이 쉽게 깨진다. 거품과 우유가 잘 섞이도록 바닥에 피처를 대고 둥글게 돌려준다.

■ 우유 거품 만드는 과정을 알고 실습에 참여한다.

- 우유 거품 만드는 과정을 순서대로 알아본다.

전 단계	 스팀피처에 우유 붓기	 스팀 빼기	
1단계	 스팀 팁 1cm 정도 담그기	 스팀 분사하며 공기 주입하기	
2단계	 팁 고정하여 거품과 우유 섞기	3단계  온도 확인하기	 스팀 잠그기
스팀 완드 청소	 스팀 완드에 묻어있는 우유	 젖은 행주로 신속하게 닦기	 스팀 다시 분사하기
거품 나누기	 피처를 바닥에 살짝 쳐서 잔여 거품 깨기	 피처를 회전시켜 거품 섞기	 보조피처에 덜기

- 우유 거품 만들기의 순서대로 실습에 참여하기

피처 손잡이 잡는 법

■ 컵에 스팀 우유 붓는 과정을 살펴본 후 실습에 참여한다.

• 컵에 스팀 우유 붓는 과정을 살펴본다.

컵을 기울인 상태에서 스팀피처를 조금 높이하여 유량 가늘게 스팀 우유 붓기

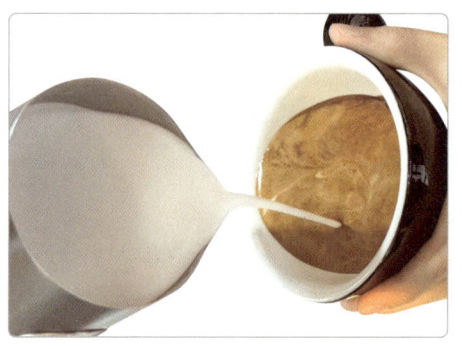

피처를 회전하면서 크레마 안정시키기

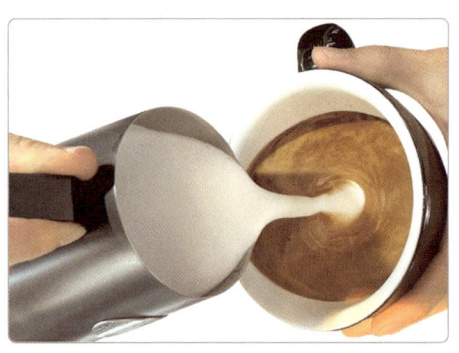

표면에 하얀 거품이 올라오면 피처를 내려주고 유량 굵게 하기

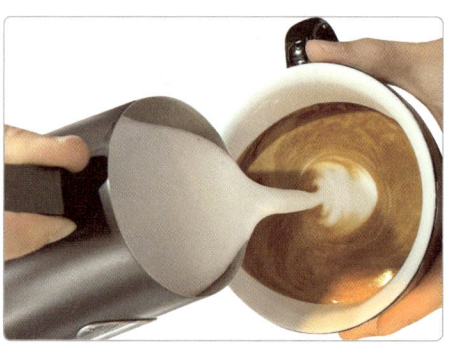

컵에 찰 때까지 굵게 붓기

– 스팀 우유 붓기 과정의 순서대로 실습에 참여하기

> **수업 Tip**
> • 잔이 뜨거워서 못 만지는 학생의 경우 '손 아래 손' 전략을 사용하도록 하며, 학생이 익숙해지면, '손 위의 손' 전략을 사용하여 스팀 우유의 유량이나 굵기를 조절할 수 있도록 돕는다.

더하기 | 카푸치노에 하트 그리기

■ 우유 거품을 에스프레소에 부어 하트 그리는 방법을 알아본다.

 우유 거품으로 하트를 그리는 과정은 크게 두 단계로 나눌 수 있어요. 먼저 스팀 우유의 유량을 가늘게 하여 에스프레소에 부어주고 안정화시키는 단계, 유량을 굵게 부어주며 하트를 만드는 단계예요. 하트를 만드는 단계별 동영상을 살펴봅시다.

- 카푸치노에 하트를 만드는 단계별 동영상을 시청한다.
  - 카푸치노잔에 에스프레소 추출하기
  - 스팀피처에 차가운 우유 250ml를 붓고 스팀하기
  - 스팀 우유를 잔에 부으며 하트 그리기

수업 Tip

- 처음 에스프레소에 우유 거품을 부을 때는 잔의 기울기나 우유 거품의 유량 등을 파악하기 어려우므로 '손 위의 손' 전략을 활용하여 실습에 참여할 수 있도록 한다.

- 우유 거품을 붓는 것이 어렵다면 피처를 살짝 기울여 우유를 부어준 후 스푼으로 거품을 떠올려 드라이 카푸치노를 만들 수 있도록 한다.

- 스티밍 수행이 어려운 학생의 경우 얼음을 용기의 2/3 정도 채우고, 전동 수동 거품기로 차가운 거품 우유를 부어준 후 그 위에 에스프레소를 부어주어 차가운 카페라떼를 만들 수 있도록 한다.

안정화 단계

컵을 기울인 상태에서 피처를 조금 높이하여 스팀 우유 붓기

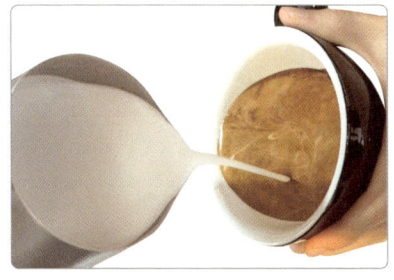
피처를 회전하면서 크레마 안정시키기

하트 그리는 단계

표면에 하얀 거품이 올라오면 피처를 내려주고 굵게 붓기

잔에 찰 때까지 굵게 붓기

잔이 다 차면 피처를 앞으로 들어 올리면서 마무리하기

완성

+ 보충 자료 에스프레소 베리에이션 메뉴

에스프레소 마끼아또
에스프레소에 적은 양의 우유 거품을 올려 데미타세에 제공하는 커피이다.

카페 콘파냐
에스프레소 위에 생크림을 올려 데미타세에 제공하는 커피이다.

아포가토
바닐라 아이스크림에 에스프레소를 얹어 만드는 커피이다.

평가	적극 참여	보통	참여 안 함
카푸치노의 특징을 말하는가?	○	○	○
우유 거품을 만드는 활동에 적극적으로 참여하는가?	○	○	○
에스프레소에 우유 거품을 부어 모양을 만드는가?	○	○	○

17차시 에칭펜과 툴로 라떼아트 만들기

학습 목표 에칭펜과 툴을 이용하여 라떼아트를 만든다.

학습 계획

차시 개관

이 차시에서는 카푸치노, 카페라떼 등의 우유 거품 위에 에칭펜과 라떼아트 툴을 이용하여 라떼아트를 직접 경험할 수 있도록 구성하였다. 에칭펜이나 툴을 사용하면 우유 거품을 손쉽게 장식할 수 있다. 카라멜시럽을 활용하여 간단한 단어나 그림을 그리는 등 학생들이 자유롭게 표현할 수 있도록 가능한 한 허용적인 태도로 지도한다.

학습 자료

에스프레소 머신, 우유(저지방 우유 X), 에스프레소, 면 행주, 스팀피처(600ml), 라떼잔, 시나몬파우더, 파우더통, 카라멜시럽, 라떼아트 시럽통, 라떼아트 툴, 에칭펜, 티스푼, 체망, 펀치(1구 펀치, 대형 모양 펀치), 가위, 색연필 등
※ 에스프레소 머신이 없다면 전동 수동 거품기나 자동 거품기 등을 활용

학습 활동

1. 카페라떼 알기
2. 우유 거품을 만들어 툴을 이용한 라떼아트 만들기
3. 에칭펜을 이용한 시럽라떼아트 모양 꾸미기

관련 자료

- 더스칼러빈 자료집
- 라떼라트 국가대표 동영상
  (https://www.youtube.com/watch?v=QnCBa2YHHXU)
- 시럽라떼아트 동영상
  (https://www.youtube.com/watch?v=ZLO0HtoQtmE)

학습 활동

알기 카페라떼 알기

■ '카페라떼'와 '라떼아트'에 대해 알아본다.

- 카페라떼의 의미를 살펴본다.

 '카페라떼'라는 말을 들어본 적이 있나요? '카페라떼'는 이탈리아어로 '우유 커피'를 뜻해요. 즉, 에스프레소에 따뜻한 우유를 섞은 커피를 말한답니다. 따뜻한 우유 거품 위에는 그림을 그릴 수 있는데, 이것을 '라떼아트'라고 불러요.

- 카페라떼의 의미 말해보기

 우유 거품을 만들기 위해서는 에스프레소 머신의 스팀을 이용하거나 우유를 따뜻하게 데운 후 수동 거품기를 사용해야 해요. 고운 거품을 만들면 그림을 그리기가 더 쉽답니다. 바리스타 대회처럼 라떼아트 대회도 있고 각 나라를 대표하는 국가대표도 있어요. 그리고 국가대표끼리 만나서 대회를 열기도 한답니다. 우리나라 라떼아트 국가대표의 멋진 라떼아트를 볼까요?

- 라떼아트 국가대표의 영상 시청하기

🔍 참고 자료 카푸치노와 카페라떼

※ 카푸치노와 카페라떼는 에스프레소에 스팀 우유와 우유 거품이 추가된 것은 같다. 그러나 카푸치노에 비해 카페라떼가 거품의 양이 적고 우유의 양은 더 많다. 즉, 우유와 거품의 비율로 비교한다.

카푸치노 — 우유가 적고 거품이 두꺼워요.

카페라떼 — 우유가 많고 거품이 얇아요.

❗ 수업 Tip

- 우유 거품의 온도는 일반적으로 ±65℃ 정도가 적당하다.
- 거품의 온도가 높을수록 우유의 단맛과 고소한 맛이 약해지고 우유 속 단백질의 변화로 가열취가 생성되므로 주의한다.

수업 Tip

- 시중에 다양한 라떼아트 툴이 판매되며 라떼아트 툴을 제작해 주는 곳도 있다.
- 수업 전에 시나몬파우더와 고운 망사형의 파우더통 또는 체망을 준비한다.

시나몬파우더 / 망사형 파우더통

슈가파우더 체망

수업 Tip

- 에스프레소에 우유 거품을 부었을 때 거품의 양이 적다면 스푼으로 거품을 떠서 올려준다.

수업 Tip

- 시나몬파우더(황색), 코코아파우더(짙은 고동색), 말차파우더(짙은 녹색) 등 다양한 파우더를 이용하면 색상별 라떼아트를 만들 수 있다.

실습하기 | 우유 거품을 만들어 툴을 이용한 라떼아트 만들기

■ 다양한 라떼아트 툴을 제시한다.

• 라떼아트 툴을 보면서 어떤 모양인지 변별한다.

- 내가 사용하고 싶은 툴 선택하기

 내가 사용하고 싶은 툴을 모두 선택했나요? 툴을 이용하여 라떼아트 만드는 방법에 따라서 함께 만들어볼게요.

■ 툴을 이용한 라떼아트 만들기 실습에 참여한다.

• 툴을 이용한 라떼아트 방법을 알아본다.

우유 거품을 올리되 거품이 잔에서 넘치지 않게 주의하기
(잔의 가장자리에서 0.5cm 아래로 거품 올리기)

잔 위에 툴 올리기

파우더통이나 체망을 이용하여 시나몬파우더 뿌리기

완성한 라떼아트 확인하기

- 툴을 이용하여 라떼아트를 만들기 실습에 참여하기
- 나만의 라떼아트 툴을 만들어 사용해 보기

더하기 에칭펜을 이용한 시럽라떼아트 모양 꾸미기

■ 에칭펜을 이용한 시럽라떼아트 방법을 알아본다.

• 에칭펜에 대해 알아본다.

> 에칭펜은 '가는 쇠 바늘로 만든 펜'이라는 뜻이에요. 우유 거품 위에 카라멜시럽을 이용하여 에칭펜으로 그림을 그릴 수 있어요. 먼저 에칭펜을 이용하여 어떻게 시럽라떼아트를 만드는지 영상을 볼게요.

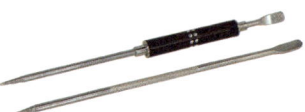

- 에칭펜을 이용한 시럽라떼아트 영상 시청하기
- 에칭펜을 이용한 시럽라떼아트 과정 알아보기

잔에 에스프레소 30ml 붓기

에스프레소 위에 우유 거품 붓기

우유 거품 위에 숟가락으로 거품 떠서 올린 후 평평하고 고르게 만들기

카라멜시럽으로 라인 그리기

에칭펜을 이용해 선 그어주기

카라멜시럽으로 모양 꾸미기

에칭펜을 이용해 선 그어주기

완성한 시럽라떼아트 확인하기

⚠ 수업 Tip

• 에칭펜이 없다면 이쑤시개나 꼬치꽂이를 활용하여 라떼아트를 만든다.

• 에칭펜 끝이 뾰족하므로 활동 전에 안전교육을 실시한다.

• 에칭펜을 잡고 활동에 참여하기 어려운 학생의 경우 '손 위의 손' 전략을 사용하여 활동에 참여할 수 있도록 한다.

■ 에칭펜을 이용한 시럽라떼아트 모양 꾸미기 실습에 참여한다.
• 에칭펜을 이용한 다양한 시럽라떼아트 모양을 살펴본다.

- 에칭펜을 이용하여 시럽라떼아트 모양 꾸미기 실습에 참여하기

평가	적극 참여	보통	참여 안 함
카페라떼의 의미를 말하는가?	○	○	○
툴을 이용하여 라떼아트 만들기에 참여하는가?	○	○	○
에칭펜을 이용하여 시럽라떼아트 모양 꾸미기에 참여하는가?	○	○	○

18차시 신기한 추출의 세계

학습 목표 추출의 의미를 이해한 후 클레버 커피 드리퍼와 하리오 드리퍼를 이용하여 커피를 추출한다.

학습 계획

차시 개관

이 차시에서는 추출의 의미를 알고 추출에 필요한 도구들을 살펴본다. 드리퍼 모양에 따른 여과지를 순서에 맞게 접어보고, 종류가 다른 드리퍼로 커피를 추출하면서 도구 및 물의 온도 등에 따라 맛이 다르게 표현되는 커피의 신기한 특징을 잘 이해할 수 있도록 지도한다.

학습 자료

케냐 원두, 클레버 커피 드리퍼, 하리오 드리퍼, 여과지(사다리꼴형, 원뿔형), 서버, 드립포트, 온도계, 그라인더, 전기포트, 저울, 계량스푼, 커피스틱 등

학습 활동

1. 추출의 의미 알기
2. 드리퍼 모양에 맞는 여과지 선택하여 접어보기
3. 클레버 커피 드리퍼와 하리오 드리퍼를 이용하여 커피 추출하기

관련 자료

• 더스칼러빈 자료집

| Note | 학습 활동 |

알기 추출의 의미 알기

■ 추출의 의미를 알아본다.

- 커피 추출 동영상을 시청한다.
  - 커피 추출의 의미 알아보기

> **Q** 커피 추출은 원두를 적당한 크기로 분쇄하고 다양한 기구와 물을 사용해서 내가 원하는 커피의 맛과 향을 표현하는 거예요. 추출을 통해야만 한 잔의 커피가 완성되므로 커피 추출은 커피의 전체 과정에서 굉장히 중요한 과정이라 할 수 있어요. 그래서 연습이 필요하고, 맛있는 커피를 만들기 위해서는 커피 맛에 대한 이해가 필요하답니다. 그럼 커피를 추출할 때 어떤 부분들을 신경 써야 하는지 함께 알아볼까요?

- 커피 맛에 영향을 주는 요인을 알아본다.

커피 분쇄 입자 크기   커피 추출 기구 종류   물의 온도   추출 시간

- 커피 맛에 영향을 주는 요인 찾아보기

■ 추출에 필요한 도구들을 살펴본다.

> **Q** 한 잔의 커피를 마시기 위해서는 생각보다 많은 도구가 필요하답니다. 그럼 앞에 있는 도구들을 하나씩 살펴볼까요?

- 한 잔의 커피를 추출하기 위한 도구와 역할을 살펴본다.

 수업 Tip

- 드립백을 활용하여 커피 맛에 영향을 주는 요인 중 물의 온도와 추출 시간이 주는 차이를 직접 경험할 수 있도록 한다.

예

1. 드립백 4개를 준비한다.
2. [물의 온도] 드립백 2개를 먼저 뜯어서 추출 준비를 한다. 이때 하나는 물의 온도를 ±100℃, 다른 하나는 ±85℃에서 추출한다. 다른 조건은 동일하게 유지하고, 추출하여 맛을 본다.
3. [추출 시간] 나머지 드립백 2개를 뜯어서 추출 준비를 한다. 이때 하나는 추출 시간을 1분 30초 이내에 종료하고, 다른 하나는 추출 시간을 3분 즈음에 종료한다. 다른 조건은 동일하게 유지하고, 추출하여 맛을 비교한다.

그라인더
커피를 분쇄함

드립포트
핸드드립을 위한 전용 주전자로
커피에 물을 부어줄 때 사용함

전기포트
물을 끓일 때 사용함

여과지
커피를 거르는 역할을 해주는 필터로
깔끔한 맛을 내게 해줌

드리퍼
여과지를 올려놓고
분쇄된 커피를 담음

서버
추출된 커피액을 담음

계량스푼
추출할 커피 양을 재고
드리퍼에 커피를 담을 때 사용함

온도계
추출할 물의 온도를 잴 때 사용함

전자저울
커피의 양이나
물의 양을 잴 때 사용함

실습하기 드리퍼 모양에 맞는 여과지 선택하여 접어보기

■ 드리퍼의 모양에 맞는 여과지를 선택한다.

 여기 클레버 커피 드리퍼와 하리오 드리퍼가 있어요. 먼저 클레버 커피 드리퍼는 앞에서 정면으로 보면 사다리꼴의 모양을 하고 있고요. 하리오 드리퍼는 고깔모자와 같은 원뿔의 모양을 하고 있답니다. 이렇게 커피를 담는 드리퍼에는 여러 가지 모양이 있는데 그중 대표적인 모양이 사다리꼴 모양과 원뿔의 모양이에요. 그리고 이런 모양에 따라서 커피 맛이 달라진답니다.

• 사다리꼴형 드리퍼와 원뿔형 드리퍼의 모양을 비교한다.

사다리꼴형

원뿔형

여과지는 커피를 거르는 역할을 해주고 커피가 깔끔한 맛을 낼 수 있게 해줘요. 드리퍼의 모양이 다른 것처럼 여과지도 모양이 다르고, 중요한 점은 드리퍼의 모양에 맞아야 한다는 것이에요. 클레버 커피 드리퍼와 하리오 드리퍼의 모양과 같이 여과지의 모양에도 사다리꼴형과 원뿔형이 있답니다.

• 사다리꼴형 여과지와 원뿔형 여과지를 살펴본다.

사다리꼴형 여과지

원뿔형 여과지

• 드리퍼의 모양에 맞는 여과지를 선택한다.
  - 클레버 커피 드리퍼: 사다리꼴형 여과지
  - 하리오 드리퍼: 원뿔형 여과지

■ 드리퍼의 모양에 맞는 여과지를 접어 드리퍼 안에 넣는다.

 이제 여과지를 접어서 드리퍼 안에 밀착시켜 볼게요. 사다리꼴 모양의 여과지는 옆면과 아래쪽에 봉제선이 있어요. 그래서 두 번을 접어줘야 한답니다.

• 사다리꼴형 여과지를 접어서 클레버 커피 드리퍼 안에 넣는다.

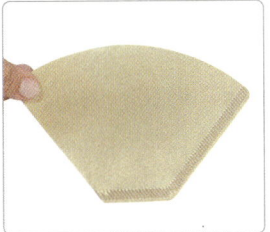
여과지 준비하기

옆면 봉제선 접어주기

아랫면 봉제선은 반대쪽으로 접어주기

여과지 안쪽 끝을 살짝 집어주기

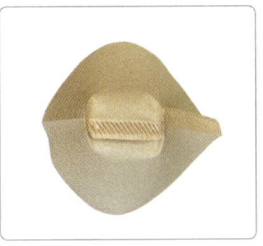
드리퍼 모양과 같이 면이 생김

드리퍼 안에 넣기

- 사다리꼴형 여과지를 순서에 맞게 접어서 드리퍼 안에 넣기

> **Q** 원뿔형 여과지는 옆쪽의 봉제선을 이처럼 한 번만 접어서 넣어주면 돼요. 봉제선을 옆으로 접어서 하리오 드리퍼 안에 넣어 볼까요?

- 원뿔형 여과지를 접어서 하리오 드리퍼에 넣는다.

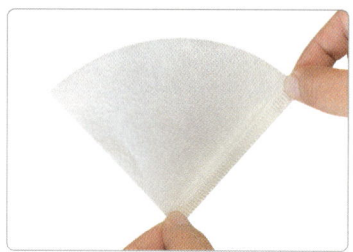
안쪽으로 한 번만 접어주기

드리퍼에 안에 넣기

– 원뿔형 여과지를 접어서 드리퍼 안에 넣기

더하기 클레버 커피 드리퍼와 하리오 드리퍼를 이용하여 커피 추출하기

■ 클레버 커피 드리퍼를 이용하여 커피를 추출한다.

> **Q** 클레버 커피 드리퍼는 용기 위에 올려두었을 때 커피액이 아래로 내려와요. 그건 바로 기구 하단에 있는 스토퍼가 용기 위에 올려놓았을 때 위로 올라가며 열리기 때문이에요. 클레버 커피 드리퍼는 추출이 아주 쉬워서 경험이 없는 사람들도 부담 없이 원두 커피를 즐길 수 있게 해준답니다. 그럼 여러분이 직접 클레버 커피 드리퍼를 이용하여 커피를 추출해 볼까요?

- 클레버 커피 드리퍼로 커피를 추출하는 실습에 참여한다.

분쇄 커피 담기

커피가 살짝 적셔질 정도로만 물 부어서 뜸 들이기

물 350ml 부어주기

커피와 물이 잘 섞이도록 스틱으로 저어주기

약 3분 정도 기다린 후 서버에 올려놓기

원하는 커피양이 추출되면 드리퍼 제거하기

– 클레버 커피 드리퍼로 커피 추출하기 실습에 참여하기

> **수업 Tip**
> • 원뿔형 여과지의 경우 봉제선 위쪽을 안으로 조금만 더 접어주면 드리퍼에 밀착이 더 잘 된다.

수업 Tip

- 케냐 원두 30g을 사용하고 물 온도도 90℃로 동일하게 한다.
- 추출 횟수는 자유롭게 하되 추출량은 동일하게 한다.
- 물을 부을 때 쏟을 위험이 있으므로 드립포트의 뚜껑은 반드시 닫고 추출할 수 있도록 지도한다.

■ 하리오 드리퍼를 이용하여 커피를 추출한다.

Q 이제는 하리오 드리퍼를 이용해서 커피를 추출해 볼 거예요. 클레버 커피 드리퍼로 추출한 것과 같은 커피로 추출할 건데요. 추출 후에는 기구에 따라서 맛의 차이가 있는지 알아보도록 해요. 그리고 하리오 드리퍼는 드립포트로 물을 부어 뜸을 주거나 추출할 때 물줄기를 일정하게 하는 것이 중요해요. 그래서 연습도 필요하답니다. 처음에는 본인이 의도한 것과 다르게 물줄기가 출렁거리겠지만, 여러분! 당황하지 마세요.

- 하리오 드리퍼로 커피를 추출하는 실습에 참여한다.
  - 하리오 드리퍼로 커피 추출하기 실습에 참여하기
  - 뜸 들이기

중심부터 가늘게 물 주입하기 / 원을 그리면서 바깥으로 주입면적 넓히기 / 외곽까지 골고루 한 번만 주입하기

- 추출하기

팽창이 멈추면 중심부터 뜸보다 굵게 추출 시작하기 / 다시 중심으로 들어와 추출 마무리하기 / 부풀었던 커피가 내려가기 시작하면 추출 다시 시작하기 / 추출량을 확인하며 추출 종료하기

■ 각각의 드리퍼로 추출한 커피를 맛본다.

Q 여러분이 각각 추출한 커피를 마셔보세요. 클레버 커피 드리퍼와 하리오 드리퍼로 추출한 커피의 맛이 어떤가요? 옆 친구의 커피도 마셔보고 맛이 어떤지 자유롭게 이야기해 봅시다.

- 본인이 추출한 커피를 맛보고 친구의 커피도 나누어 마셔본다.
- 커피 맛의 느낌을 서로 이야기 나눈다.
  - 추출한 커피를 맛보고 느낌 이야기 나누기

+ 보충 자료 **뜸을 주는 이유와 푸어 오버 드립**

핸드드립 커피 추출의 첫 번째 단계는 바로 뜸이다. 뜸을 잘 들여야 커피 성분이 원활하게 뽑혀 맛있는 커피가 만들어지기 때문이다. 커피에 처음 물을 부으면 커피 가루 전체에 물이 퍼지면서 커피에 함유된 탄산가스와 공기가 빠지고 커피의 수용성 성분이 물에 충분히 녹을 수 있게 된다. 만일 이런 과정이 없이 바로 추출을 하면 커피의 수용성 성분이 물에 용해될 시간이 없어 싱거운 커피가 추출된다.

핸드드립은 물을 주입하는 방법과 스킬을 중시한다. 최근에는 '푸어 오버 드립'이라 하여 핸드드립처럼 물을 주는 방법과 스킬이 아닌 커피 농도와 추출 수율을 중요하게 생각하는 추출 방법이 확산되고 있는 추세이다.

「All New 커피 인사이드」 p.268, 275~276 수정 인용함

평가

	적극 참여	보통	참여 안 함
추출의 의미를 이해하는가?	○	○	○
드리퍼의 모양에 맞는 여과지를 선택하여 순서에 맞게 접는가?	○	○	○
주어진 추출 도구를 사용하여 안정적으로 커피를 추출하는가?	○	○	○

19차시 집에서 마시는 에스프레소

학습 목표 모카포트로 추출한 커피를 사용하여 연유 커피를 만들어 맛본다.

학습 계획

차시 개관

이 차시에서는 모카포트의 구조와 추출 원리 및 기능에 따른 종류를 알고 직접 모카포트로 추출을 해본다. 모카 익스프레스와 브리카로 추출하여 커피의 특성을 비교하고 추출 시 안전사고가 일어나지 않도록 지도한다. 가정용 에스프레소 추출 기구라고 불리는 만큼 일반 드립 커피에 비해 커피 맛이 진하므로 설탕, 연유, 우유 등 다양한 부재료들을 사용하여 창작 메뉴도 만들 수 있도록 한다.

학습 활동

1. 모카포트의 구조와 종류 알기
2. 모카포트와 브리카로 추출하여 비교하기
3. 연유 커피 만들기

학습 자료

모카 익스프레스, 브리카, 그라인더, 원두, 계량스푼, 계량컵, 전용 여과지, 전기포트, 드립포트, 부르스타, 사발이 받침대, 연유, 우유 등

관련 자료

• 더스칼러빈 자료집

학습 활동

알기 모카포트의 구조와 종류 알기

■ 모카포트의 구조를 알아본다.

• 모카포트 추출 동영상을 본다.
- 모카포트 추출 동영상 시청하기

Q 방금 본 동영상에 나오는 커피 추출 기구의 이름은 모카포트예요. 모카포트는 이탈리아에서 만들어진 가정용 에스프레소 커피 기구입니다. 혹시 모카포트를 직접 보거나 모카포트로 추출한 커피를 마셔본 학생들이 있나요? 모카포트는 에스프레소보다 훨씬 낮은 상태의 압력이 가해진 상태에서 커피가 추출되어 에스프레소보다는 약하지만 드립 커피에 비해서는 진한 커피가 추출된답니다.

Q 모카포트는 물이 담기는 하부 용기와 커피가 추출되는 상부 용기 그리고 중간에 분쇄 커피가 담기는 용기로 구성되어 있어요. 커피를 담고 상부와 하부 용기를 결합한 후 가열하면 하부 용기의 물이 압력을 받은 상태에서 가열되고 이 물이 커피 용기를 통과하면서 상부 용기로 올라가 커피가 추출되는 원리예요. 말로 설명을 듣는 것은 왠지 어렵게 느껴지지요? 그런데 실제로 직접 실습해 보면 어렵지 않아요.

• 모카포트를 살펴보며 구조를 확인한다.
- 하부 용기: 물이 담기는 곳
- 상부 용기: 커피가 추출되어 담기는 곳
- 중간 용기: 분쇄 커피를 담는 곳
- 압력 밸브: 하부 용기 밖에 튀어나와 있는 부분
- 추출구: 상부 용기 내부에 탑처럼 솟아있는 부분

Note

🔔 **수업 Tip**
• 모카포트는 1.5기압 정도의 가압 상태에서 커피가 추출된다.

모카포트의 종류를 알아본다.

- 모카포트의 종류와 특징에 대해 살펴본다.

> 모카포트는 기능에 따라서 모카 익스프레스와 브리카 등으로 구분할 수 있어요. 각각의 기구들은 특징이 있는데 모카 익스프레스는 추출 압력이 높지 않아 크레마가 형성되지 않지만 브리카는 추출구에 압력 밸브를 달아 크레마가 만들어지지요. 그래서 브리카로 추출한 커피를 마셔보면 모카 익스프레스로 추출한 커피보다 부드러움을 느낄 수 있어요.

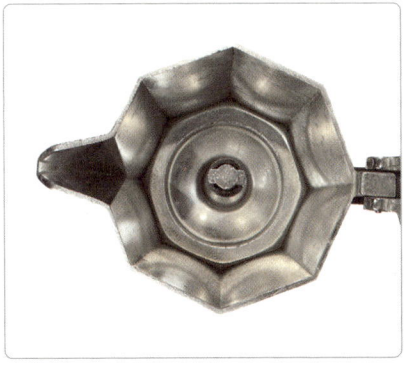
모카 익스프레스 내부

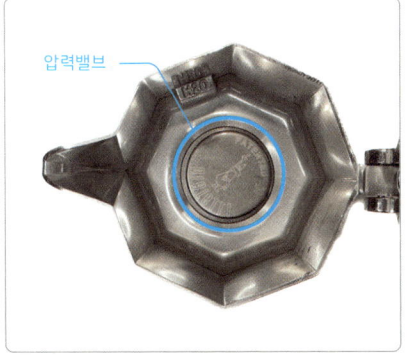
브리카 내부

- 모카 익스프레스와 브리카의 내부 구조와 특징 살펴보기

실습하기 모카 익스프레스와 브리카로 추출하여 비교하기

 모카 익스프레스로 커피를 추출한다.

> 모카 익스프레스를 사용하여 커피를 추출해 보도록 할게요. 추출 시에는 커피 가루가 섞일 수 있으므로 사이즈에 맞는 전용 여과지를 사용해 주어야 해요. 이제 차례대로 추출해 볼게요. 커피가 추출되기 시작할 때 뜨거운 커피가 주변에 튈 수도 있으니 조심해 주세요.

- 모카 익스프레스의 커피 추출 실습에 참여한다.

압력 밸브 밑까지 물 부어주기

중간 용기에 분쇄 커피를 가득 담은 후 스푼으로 표면을 살짝 다져주기

하부 용기에 삽입하고 전용 여과지 올려놓기

수업 Tip

- 추출 시 상부와 하부 포트를 단단하게 결합하지 않으면 압력이 새서 추출이 제대로 되지 않을 수 있으므로 단단하게 결합이 되었는지 교사가 확인한다.

- 모카포트로 커피 추출을 할 때는 커피 분쇄 정도를 핸드드립 커피 추출보다 가늘게 해준다. 보통 소금 정도의 굵기라고 표현하고, 이는 0.4mm 정도의 크기를 말한다.

- 모카포트는 일반 드립 커피보다 진한 맛이 표현되기 때문에 다소 강한 로스팅의 커피가 더 어울린다.

- 사발이 받침대는 부르스타 위에 올려놓아 모카포트가 부르스타의 가스 위로 빠지지 않게 한다.

| 상하 용기 단단히 결합하기 | 중간 불로 가열하면 몇 분 후 커피가 추출되기 시작함 | 커피가 계속 추출됨 |

| 커피액의 색깔이 점점 옅어짐 | 거품이 나오기 시작하면 불 끄기 | 뚜껑 닫고 추출 종료하기 |

- 모카 익스프레스로 커피 추출하기 실습에 참여하기

■ 브리카를 사용하여 커피를 추출한다.

 브리카는 추출구에 압력 밸브가 달려있어 모카 익스프레스보다 더 높은 압력에서 커피가 추출된다고 했어요. 그래서 크레마도 생성된다고 했지요? 브리카와 모카 익스프레스의 추출 방법은 똑같아요. 이번에 추출해 볼 때는 커피가 추출될 때 노란색의 크레마가 잘 나오는지 관찰해 주세요.

• 브리카의 커피 추출 실습에 참여한다.

| 커피가 추출되기 시작함 | 크레마가 나오기 시작함 | 쉭~소리가 나면서 일시에 추출되면 불 끄고 추출 종료하기 |

- 브리카로 커피 추출하기 실습에 참여하기

> **수업 Tip**
> - 모카포트는 추출 후 관리가 제대로 되지 않으면 내부에 녹이 슬어 위생에 치명적이므로 반드시 세척과 관리가 잘 될 수 있도록 지도한다.
> - 추출이 끝나면 찬물로 본체를 식혀주어야 상하부 용기의 결합을 잘 해제할 수 있다.
> - 보관 시에는 내부를 잘 닦아준 후 분해해서 보관하도록 한다.

■ 모카 익스프레스와 브리카로 추출한 커피를 비교한다.

추출된 커피를 커피잔에 따라서 비교해보면 브리카로 추출한 커피 위에 크레마가 있는 것을 확인할 수 있어요. 크레마는 커피를 마실 때 맛과 촉감에도 영향을 미쳐요. 실제로 모카 익스프레스로 추출한 커피를 마셔본 후 브리카로 추출한 커피를 마시면 입 안에서 조금 더 부드럽게 느껴지는 것을 확인할 수 있을 거예요.

- 모카 익스프레스와 브리카로 추출한 커피를 눈으로 살펴본다.
  - 각각의 커피액의 색 비교하기
- 모카 익스프레스와 브리카로 추출한 커피를 마셔본다.
  - 각각의 커피 마셔보고 맛과 촉감 비교하기

모카 익스프레스   브리카

더하기   연유 커피 만들기

■ 모카포트로 추출한 커피에 연유와 우유를 사용하여 연유 커피를 만든다.

카페에서 연유 커피를 마셔본 적 있나요? 열심히 공부하다가 혹은 일할 때, 확 지치거나 피로감이 몰려올 때 달콤한 음료를 한 잔 마셔주면 당이 보충되면서 기분이 좋아지고 기운도 나곤 하지요. 오늘은 그런 의미에서 모카포트로 추출한 커피에 연유와 우유를 넣어서 연유 커피를 만들어 볼 거예요. 연유 커피는 보통 따뜻하게 마시기보다는 차가운 메뉴로 많이 마시므로 우리도 차가운 메뉴로 만들어 볼 텐데요. 다 같이 순서에 맞춰 만들어 볼까요?

> **수업 Tip**
> - 커피는 에스프레소를 기준으로 하여 30ml정도로 준비하되 연유, 우유와 섞이므로 진하게 추출하는 것이 좋다. 연유와 우유는 기호에 맞게 가감하고 얼음을 너무 넣어주면 싱거워지므로 적당한 크기의 잔을 선택하도록 한다.

- 연유 커피를 순서에 맞게 만든다.

모카포트로 추출한 커피 준비하기   잔에 한 큰술 연유 넣어주기   우유 150ml 붓고 섞어주기

19차시 | 집에서 마시는 에스프레소   **127**

| 준비해 둔 커피가 들어갈 만큼 남기고 얼음 넣어주기 | 커피 부어주기 | 연유 커피 완성 |

- 연유 커피를 만드는 실습에 참여하기

■ 완성된 연유 커피를 맛본다.

 여러분이 각각 완성한 연유 커피를 마셔보세요. 맛이 어떤가요? 옆 친구의 커피도 마셔 보고 맛과 느낌이 어떤지 자유롭게 이야기해 봅시다.

• 개인별로 만든 연유 커피를 마셔보고 친구들이 만든 것도 나눠서 맛보게 한다.
 - 내가 만든 연유 커피와 친구가 만든 연유 커피 맛보기

🔔 수업 Tip

- 완성된 커피를 자유롭게 맛보며 친구들이 만든 커피의 맛과 비교한다.
- 동일한 조건으로 커피를 만들더라도 커피 맛이 바리스타에 따라 달라질 수 있음을 알게 한다.

평가	적극 참여	보통	참여 안 함
모카포트의 구조와 종류를 아는가?	○	○	○
모카 익스프레스와 브리카를 사용하여 커피를 추출하는가?	○	○	○
연유 커피를 순서에 맞게 만드는가?	○	○	○

20차시 커피가 과학이라고

학습 목표 사이폰의 구조와 명칭을 알고 순서에 맞게 커피를 추출한다.

학습 계획

차시 개관
이 차시에서는 다양한 추출 기구 중 사이폰의 특징 즉, 진공 추출의 과정을 직접 경험하도록 한다. 또한 사이폰의 특성에 맞는 커피 분쇄 입자 크기를 알고 그라인더로 원두를 분쇄하도록 하며, 이후 사이폰 추출 순서에 맞춰 커피를 추출하여 마셔보고 사이폰의 특성상 특별히 주의해서 관리해야 할 부분까지 살펴본다.

학습 활동
1. 사이폰의 구조와 명칭 알기
2. 사이폰으로 커피 추출하기
3. 사이폰의 관리 방법 알기

학습 자료
에티오피아 원두, 사이폰, 사이폰 전용 필터, 여과기, 커피 스틱, 알코올, 알코올램프, 라이터, 그라인더, 저울, 계량스푼, 주방세제, 마른 수건, 색연필 등

관련 자료
- 더스칼러빈 자료집

학습 활동

알기   사이폰의 구조와 명칭 알기

■ 사이폰의 구조와 명칭을 알아본다.

사이폰은 플라스크, 로드, 스탠드 등으로 구성되어 있어요. 그리고 그 외에 추출에 필요한 열원이 필요한데 이번 시간에는 알코올램프를 사용할 거예요. 또 사이폰 추출을 할 때는 물과 커피를 섞어 줄 수 있는 커피 스틱이 필요하답니다. 여러분 앞에 사이폰이 있는데 같이 살펴보도록 할까요?

- 사이폰을 직접 살펴보면서 구조와 명칭을 알아본다.
  - 플라스크: 물이 담기는 곳
  - 로드: 커피와 물이 섞여 커피가 추출되는 곳
  - 스탠드: 플라스크와 로드를 결합하여 세워 놓는 곳

■ 사이폰 전용 종이 필터를 여과기에 끼워넣고 로드에 걸어준다.

- 사이폰에 사용되는 전용 종이 필터와 융 필터를 비교하며 살펴본다.

사이폰으로 추출을 하려면 사이폰 전용 필터와 여과기가 필요해요. 전용 필터는 천으로 되어있는 융 필터와 종이 필터가 있는데 융 필터를 사용하는 것이 커피 맛에는 더 좋지만 사용하기에는 종이 필터가 더 편리해요.

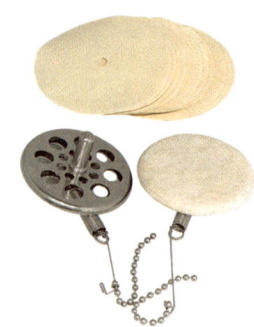

- 종이 필터를 여과기에 장착하고 로드에 걸어준다.

종이 필터에 사용되는 여과기는 두 개가 결합 되어있는 구조로 되어있어요(결합되어 있는 여과기를 분리하며 보여줌). 이 사이에 종이 필터를 끼워 넣는 것인데, 선생님이 하는 것을 보면서 여러분도 같이 따라 해보세요.

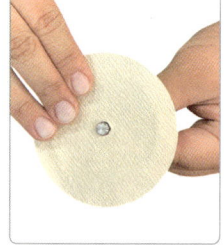
돌출되어 있는 부분에 종이 필터 끼워넣기

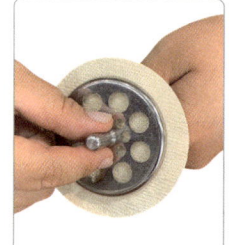
여과기 결합하기

필터를 위로 쓸어올리기

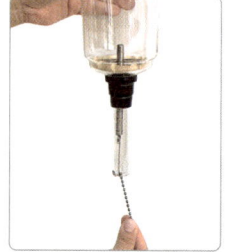
로드에 삽입 후 고리를 당겨 끝에 걸어주기

- 종이 필터를 여과기에 끼워넣기
- 여과기를 잡아당겨 로드의 끝에 걸어주기

수업 Tip

- 사이폰은 재질이 유리로 되어있으므로 항상 파손에 유의해야 하고, 기구가 파손됐을 시 외상을 입을 수 있다는 것과 직접적인 열원에 화상을 입을 수 있다는 것을 확실하게 인지시킨다.
- 안전사고가 일어났을 시 교사의 지시대로 사고에 대처할 수 있도록 안전교육을 반드시 시킨다.

실습하기 사이폰으로 커피 추출하기

■ 그라인더로 추출할 원두를 분쇄한다.
  • 사이폰의 특성에 맞게 추출할 원두를 분쇄한다.

 추출 기구에 따라 크기를 다르게 해서 원두를 분쇄해야 해요. 사이폰으로 추출할 때는 핸드드립과 모카포트 분쇄 입자 크기의 중간 정도로 해주면 된답니다. 그럼 그라인더의 분쇄도를 조정하고 원두 25g을 계량해서 분쇄해 봅시다.

- 그라인더의 입자 조절판을 핸드드립보다 조금 더 가는 쪽으로 조정하기
- 계량된 원두를 그라인더의 호퍼에 담고 분쇄하기
- 분쇄된 원두의 향 맡아보고 어떤 향이 나는지 향의 느낌 표현하기
- 에티오피아 커피의 향미 특성 알려주기

일반적으로 에티오피아 커피는 뛰어난 과일의 특성을 가지고 있으며 그중 베리향을 일반적으로 많이 느낄 수 있다고 한다. 그 밖에 감귤과 초콜릿향도 지니고 있다고도 평가받고 있다.

> **수업 Tip**
> • 찬물을 넣고 가열하면 시간이 너무 많이 걸리므로 뜨거운 물을 미리 준비한다.
> • 커피가 물을 흡수하므로 원두 25g을 기준으로 300ml의 물을 부어주고 250~260ml 정도를 추출한다.
> • 추출이 완료된 후에는 로드가 굉장히 뜨거우므로 반드시 스탠드를 잡고 로드를 빼도록 하며 안전사고에 유의한다.
> • 열원으로 인해 안전사고의 위험이 있으므로 알코올램프에 불을 붙이고 끄는 활동은 교사가 직접 하거나, 반드시 교사의 지시에 따라 수행할 수 있도록 지도한다.

■ 사이폰을 사용하여 커피를 추출한다.
  • 사이폰 추출 동영상을 시청한다.

 선생님이 먼저 사이폰 추출을 해 볼 거예요. 사이폰 추출은 스틱의 사용 방식에 따라 맛이 달라진답니다. 그래서 많은 바리스타가 본인만의 스틱 사용법을 갖고 있어요. 사이폰으로 커피 추출을 할 때는 보통 노란색 거품이 많이 나올수록 향이 좋다고 하는데, 커피가 추출될 때 노란색 거품이 얼마만큼 나오는지 잘 살펴보세요.

계량한 물 플라스크에 붓기

플라스크에 로드 걸쳐놓기

물이 끓으면 기포가 발생함

기포가 커지기 시작하면 로드 삽입하기

플라스크 내 압력에 의해 물이 위로 올라가기 시작함

어느 정도 물이 올라가면 커피 스틱으로 물 두세 번 저어주기

| 계량한 커피 부어주기 | 물이 다 올라오면 신속하게 커피 저어주기 | 저어준 후 3단 분리 된 모습 (거품층-커피 가루-커피액) |

| 다 저어주면 알코올램프를 플라스크의 바깥쪽으로 옮겨 화력 줄여주기 | 25~30초가 지나면 불을 끄고 빠르게 다시 한 번 저어주기 | 노란색 거품이 나오면서 추출이 완료됨 |

> **수업 Tip**
> - 다른 추출 기구들과 사이폰을 비교하면서 사이폰의 밀폐된 구조가 커피의 향을 가두어 놓아 다른 추출 기구에 비해 커피 향이 좋다는 것을 설명한다.

- 사이폰으로 커피 추출하기 실습에 참여하기

■ **추출 결과를 비교한다.**

- 로드에 남아 있는 커피찌꺼기의 모양을 비교한다.

- 로드 안쪽 벽면에 묻어 있는 커피찌꺼기의 양과 모양 비교하기

> **수업 Tip**
> - 사이폰 추출 시 로드 벽면이 깨끗하고 묻어있는 커피찌꺼기의 양이 적을수록, 추출될 때 거품의 양이 많을수록 추출이 잘 된 것이라고 평가한다.

- 추출될 때 거품의 양을 비교한다.

- 추출될 때 거품의 양 비교하기

■ 커피를 마신 후 커피의 향과 맛의 느낌을 표현한다.

 에티오피아 커피는 뛰어난 과일의 특성을 가지고 있다고 했지요? 정말 커피에서 과일의 특성이 느껴졌나요? 사이폰으로 추출한 커피는 향이 좋다는 특성을 가지고 있는데 향과 맛의 느낌이 어땠는지 자유롭게 이야기해 봅시다.

- 커피의 향과 맛의 느낌을 이야기 나눈다.
  - 사이폰으로 추출한 에티오피아 커피의 향미에 대해 이야기 나누기

더하기 사이폰의 관리 방법 알기

■ 사이폰의 관리 방법을 알아본다.
- 사이폰의 세척 및 관리 방법에 대해 알아본다.

 사이폰은 유리 제품이고 매우 뜨거워지기 때문에 사용할 때만 아니라 세척과 관리에도 특히 주의를 기울여야 해요. 그럼 사이폰으로 추출한 이후 세척과 관리 방법을 살펴볼게요.

 **수업 Tip**
- 추출 후 플라스크와 로드를 분리하다가 뜨거운 커피나 커피 가루가 쏟아져 화상을 입지 않도록 주의한다.

- 세제를 이용하여 로드 안쪽에 묻은 커피 오일 깨끗하게 닦기
- 로드 뚜껑에 남아있는 커피액 제거하고 깨끗하게 닦기
- 마른 수건으로 로드에 남아 있는 물기 제거하기
- 알코올램프에 남아 있는 알코올은 통에 옮겨 보관 후 재사용 하기

20차시 | 커피가 과학이라고 133

+ 보충 자료   사이폰 진공 추출의 원리

하단부의 물이 가열되면 증기압이 발생하여 내부의 압력이 증가하고 이 압력으로 인해 물이 사이폰 튜브를 통해 상단부로 밀려 올라가지만 사이폰 튜브와 하단부 바닥 사이에는 간격이 있어 물이 다 올라가지 않고 남아 있다. 남아 있는 물은 증기를 계속 발생시켜 상단부에 올라가 있는 물이 다시 하단부로 역류하지 않게 해주고 상단부에 커피와 섞여 있는 물을 식혀줘 100℃까지 끓지 않고 추출에 적합한 온도인 85~93℃를 유지하게 해주는 역할을 한다. 그래서 마치 끓는 것처럼 보여도 실제는 하단부의 증기가 올라오는 것이다.

하단부의 열원을 제거하면 하단부의 증기가 팽창하는 대신 수축을 하고 부분 진공 상태가 되어 하단부 내부의 압력이 외부보다 낮아져 상단부의 커피액이 하단부로 빨려 내려오는 것이고 이런 이유로 사이폰을 진공식 추출 기구라 부르는 것이다.

상승(증기압)   하강(진공 흡입)

「All New 커피 인사이드」 p.301~302

평가	적극 참여	보통	참여 안 함
사이폰의 구조와 명칭을 바르게 아는가?	○	○	○
순서에 맞게 사이폰으로 커피를 추출하는가?	○	○	○
사이폰 추출 후 관리 방법에 맞게 세척하는가?	○	○	○

메뉴 만들기
다양한 음료가 궁금해요

21차시	맛있는 한 끼 음료 만들기
22차시	달콤한 초콜릿라떼 만들기
23차시	싱그럽고 달콤 쌉쌀한 말차라떼 만들기

21차시 맛있는 한 끼 음료 만들기

학습 목표 고구마라떼 만드는 방법을 익혀 고구마라떼를 만든다.

학습 계획

차시 개관

이 차시에서는 에스프레소를 기반으로 하지 않는 카페 음료 중 고구마라떼 만드는 방법에 대해 알아보도록 한다. 비교적 많은 사람이 선호하는 식품인 고구마를 활용하여 라떼를 만들어보고, 가능하다면 고구마를 직접 찌거나 전자레인지로 익혀서 고명을 올리는 과정까지 실습해 보도록 한다. 스팀으로 우유를 데우거나 우유를 끓이는 등 학급 상황에 맞게 음료를 제조하도록 지도한다.

학습 활동

1. 고구마라떼 준비물 알기
2. 고구마라떼 만들기
3. 고구마 고명 올리기

학습 자료

전자레인지(에스프레소 머신, 면 행주, 스팀피처(600ml)), 카푸치노잔, 고구마페이스트, 고구마, 꿀(시럽), 견과류(호두, 아몬드), 우유(저지방 우유 X), 믹서기, 전자저울 등
※ 에스프레소 머신이 없다면 전자레인지에 우유를 데워 사용

관련 자료

- 더스칼러빈 자료집
- 우유 스티밍, 카푸치노 만들기 동영상

Note

학습활동

 알기 고구마라떼 준비물 알기

■ 고구마라떼를 만드는데 필요한 준비물을 알아본다.

Q 고구마는 영양 간식으로 유명해요. 소화가 잘되고, 다이어트에도 도움이 돼서 많은 사람이 고구마를 즐긴답니다. 오늘은 간편한 식사용으로도 추천하는 고구마라떼 만드는 방법을 알아보려고 해요. 고구마를 직접 찌거나 익혀서 만들 수도 있고, 간편하게 고구마페이스트를 활용할 수도 있어요. 그럼 고구마라떼를 만드는데 필요한 준비물을 알아볼까요?

- 고구마페이스트를 이용한 고구마라떼 준비물을 알아본다.

고구마페이스트   우유   전자레인지   견과류

- 고구마페이스트를 이용할 경우 준비물 살펴보기

- 찐 고구마나 익힌 고구마를 이용한 고구마라떼 준비물을 알아본다.

찜기
(고구마를 찔 경우에 사용)   생고구마
(전자레인지에 익힐 경우에 사용)   우유   믹서기   견과류

- 찐 고구마나 익힌 고구마를 이용할 경우 준비물 살펴보기

 **수업 Tip**

- 우유를 잘 먹지 못하는 학생이 있다면 두유를 데워 활용하는 것도 좋다.
- 가능하다면 두 가지 방법을 모두 이용하여 고구마라떼를 만들어 보고 맛을 비교하게 한다. 학급 상황에 맞게 두 가지 방법 중 한 가지를 선택하여 실습에 참여하도록 한다.

 Q 고구마라떼를 만들기 위해서는 어떤 재료가 가장 중요할까요? 우유와 고구마페이스트가 꼭 있어야겠죠? 간편하고 빠르게 만들려면 고구마페이스트를 이용하면 좋아요. 그러나 깊은 맛과 건강을 생각한다면 고구마를 직접 찌거나 익혀서 사용하면 좋답니다.

21차시 | 맛있는 한 끼 음료 만들기   **137**

실습하기   고구마라떼 만들기

■ 고구마라떼 만들기 실습에 참여한다.

- 고구마페이스트를 이용한 고구마라떼 만들기의 과정을 알아본다.

견과류와 시나몬파우더가 뿌려진 고구마라떼

고구마페이스트를 이용한 고구마라떼 만들기 과정

① 고구마페이스트 한 꼬집을 집어 맛을 본다.
② 우유 200ml를 따끈하게 데운다.
   (에스프레소 머신의 스팀이나 전자레인지를 이용하여 우유를 데워줌)
③ 데운 우유에 고구마라떼 가루 30g을 넣고 녹을 때까지 잘 저어준다.
④ 잔에 담고 견과류나 시나몬파우더를 위에 뿌려준다.
   (견과류가 크다면 지퍼백이나 절구에 담고 방망이로 적당히 빻아줌)

- 과정에 맞게 파우더를 이용한 고구마라떼 만들기 실습에 참여하기

- 찐 고구마나 익힌 고구마를 이용한 고구마라떼 만들기의 과정을 알아본다.

찐 고구마를 이용한 고구마라떼 재료

찐 고구마나 익힌 고구마를 이용한 고구마라떼 만들기 과정

① 고구마를 찌거나 전자레인지에 익힌다.
   (전자레인지에 고구마껍질을 깐 후 깍둑썰기를 하여 2~3분간 익힘. 고구마가 익지 않았다면 한 번 더 익혀줌)
② 우유 200ml를 따끈하게 데운다.
   (에스프레소 머신의 스팀이나 전자레인지를 이용하여 우유를 데워줌)
③ 믹서기에 데운 우유와 고구마 작은 것 2개, 소금 한 꼬집, 꿀 적당량을 넣고 갈아준다.
④ 잔에 담고 견과류나 시나몬파우더를 위에 뿌려준다.
   (견과류가 크다면 지퍼백이나 절구에 담고 방망이로 적당히 빻아줌)

> **수업 Tip**
> - 믹서기 사용 방법을 안내하고 학생들이 실습 과정에서 직접 전자레인지, 믹서기 등을 이용할 수 있도록 최대한 기회를 제공한다.
> - 안전을 우선으로 지도하며 소그룹이나 짝을 지어 만들기 과정의 단계를 수행할 수 있도록 한다. 완성된 고구마라떼는 그룹별로 서로 맛을 보며 평가할 수 있도록 한다.

- 과정에 맞게 찌거나 익힌 고구마를 이용한 고구마라떼 만들기 실습에 참여하기

더하기   고구마 고명 올리기

■ 고구마 고명을 만들어 올린다.

- 찐 고구마를 이용한 고구마 고명 만들기 과정을 알아본다.

> **Q** 고구마라떼 위에 고구마 고명을 올려주면 훨씬 더 먹음직스럽겠지요? 고구마 고명은 찐 고구마를 적당한 크기로 썰고, 모양 찍기 틀을 찍으면 예쁘게 만들 수 있답니다. 고구마가 남는다면 둥글넓적하게 고구마를 자르고 그 위에 꿀에 버무린 견과류를 올려보세요. 고구마라떼와 잘 어울리는 멋진 상차림이 될 거예요.

> **수업 Tip**
> - 고구마 고명을 만드는 것이 어렵다면 고구마말랭이를 적당한 크기로 잘라서 올려준다.
> - 고구마 고명 대신 시나몬파우더를 뿌려 간단하게 마무리할 수 있다.

- 여러 가지 고구마 고명 만들기

둥글넓적하게 자른 고구마

모양 찍기 틀

모양 찍기 틀로 만든 고구마 고명

견과류를 버무려 올린 고구마 고명

- 내가 만들어 올리고 싶은 고구마 고명 그려보기

평가	적극 참여	보통	참여 안 함
고구마라떼를 만드는데 필요한 재료를 말하는가?	○	○	○
고구마라떼 만들기 활동에 적극적으로 참여하는가?	○	○	○
고구마라떼 위에 고명을 만들어 올리는가?	○	○	○

22차시 달콤한 초콜릿라떼 만들기

학습 목표 초콜릿라떼 만드는 방법을 익혀 초콜릿라떼를 만든다.

학습 계획

차시 개관
이 차시에서는 연령에 상관없이 누구나 즐기기 좋은 초콜릿라떼를 만드는 방법에 대해 알아보도록 한다. 음료를 만들기 전에 청결 상태를 확인하고 청결의 중요성을 함께 지도한다. 초콜릿파우더나 시럽을 이용하여 따뜻하고 차가운 초콜릿라떼를 각각 만들어보도록 한다.

학습 자료
초콜릿파우더(초콜릿시럽), 우유(저지방 우유 X), 카푸치노잔, 뜨거운 물, 스팀피처(600ml), 거품스푼, 시럽통, 에칭펜(이쑤시개), 초콜릿, 할핀, 클레이 점토, 펀치, 가위 등
※ 차가운 초콜릿라떼: 투명 머그컵, 얼음, 생크림
※ 에스프레소 머신이 없다면 전동 수동 거품기나 자동 거품기, 프렌치프레스 등을 활용

학습 활동
1. 초콜릿라떼 준비물 알기
2. 초콜릿라떼 만들기
3. 우유 거품이나 생크림을 올려 모양 꾸미기

관련 자료
• 더스칼러빈 자료집

Note

학습활동

알기   초콜릿라떼 준비물 알기

■ 초콜릿라떼를 만들때 필요한 준비물을 알아본다.

Q 초콜릿을 먹으면 기분이 어떤가요? 달콤한 초콜릿은 사람의 기분을 좋게 해주지요. 오늘은 초콜릿라떼 만드는 방법을 알아보려고 해요. 간편하게 초콜릿파우더를 이용할 수도 있고, 초콜릿시럽을 이용할 수도 있어요. 초콜릿라떼를 만들기 위한 준비물을 알아볼게요.

• 초콜릿파우더를 이용한 초콜릿라떼 준비물을 알아본다.

  초콜릿파우더   우유   전자레인지   프렌치프레스

— 초콜릿파우더를 이용할 경우 준비물 살펴보기

⚠ 수업 Tip

• 초콜릿파우더와 뜨거운 물 혹은 데운 우유를 1:0.5의 비율로 섞어 초콜릿파우더를 녹여준다. 비율은 개인 취향에 따라 달라질 수 있다.

• 초콜릿파우더와 초콜릿시럽을 티스푼에 묻혀 맛보게 하고 재료의 느낌을 비교하게 해 보는 것도 좋다.

• 초콜릿시럽을 이용한 초콜릿라떼 준비물을 알아본다.

  초콜릿시럽   뜨거운 물   데운 우유   전동 수동 거품기

— 초콜릿시럽을 이용할 경우 준비물 살펴보기

⚠ 수업 Tip

• 학생 상황과 학급 여건에 맞는 거품기를 사용하여 초콜릿라떼 거품을 만든다.

프렌치프레스

전동 수동 거품기   자동 거품기

Q 초콜릿파우더나 시럽을 이용하면 초콜릿라떼를 빠르고 간편하게 만들 수 있어요. 단맛을 즐기는 정도에 따라 초콜릿파우더나 시럽의 양을 조절해주면 돼요.

실습하기 초콜릿라떼 만들기

■ 초콜릿라떼 만들기 실습에 참여한다.

 초콜릿라떼를 만들 때 에스프레소 머신의 스팀을 이용하면 빠르게 우유를 데울 수 있어요. 에스프레소 머신이 없을 때는 전자레인지에 우유를 데울 수도 있답니다. 상황에 맞는 편한 방법을 선택하면 돼요. 그럼 초콜릿라떼 만드는 방법을 알아볼까요? 재료는 준비되어있는 파우더나 시럽을 사용하면 됩니다.

- 따뜻한 초콜릿라떼 만들기 과정을 알아본다.

따뜻한 초콜릿라떼 만들기 과정

① 잔에 초콜릿파우더 30g 혹은 초콜릿시럽 40g을 넣는다.
② 우유 200ml를 따끈하게 데운다.
  (에스프레소 머신의 스팀을 이용하거나,
  전자레인지에 넣고 1분 30초 동안 돌려줌)
③ 거품기를 이용하여 우유 거품을 충분히 내준다.
④ 거품을 낸 따뜻한 우유를 부어 초콜릿파우더가 녹을 때까지 잘 저어준다.

- 과정에 맞게 따뜻한 초콜릿라떼 만들기 실습에 참여하기

- 차가운 초콜릿라떼 만들기 과정을 알아본다.

차가운 초콜릿라떼 만들기 과정

① 잔에 얼음을 2/3 넣는다.
② 벨크리머에 초콜릿시럽 40g을 넣는다.
③ 시럽이 담긴 벨크리머에 뜨거운 물 30ml를 넣어 녹여준다.
④ 얼음이 담긴 잔에 차가운 우유 150ml를 부어준 뒤 녹인 초콜릿시럽을 부어준다. (잔의 벽면에 초콜릿시럽을 뿌려 자연스럽게 흘러내리도록 할 수 있음)
  ※ 생크림을 올려주고 초콜릿시럽을 지그재그 모양으로 뿌려주어 모양을 꾸밀 수도 있음

- 과정에 맞게 차가운 초콜릿라떼 만들기 실습에 참여하기

더하기 우유 거품이나 생크림을 올려 모양 꾸미기

■ 초콜릿라떼를 꾸민다.

- 따뜻한 초콜릿라떼 위에 우유 거품을 올려 모양을 꾸민다.

 초콜릿라떼도 예쁘게 꾸밀 수 있어요. 먼저 따뜻한 초콜릿라떼 위에 티스푼으로 동그란 모양의 우유 거품을 올려주세요. 에칭펜이나 이쑤시개를 이용하면 하트를 만들 수 있어요. 초콜릿라떼 위에 우유 거품을 동그랗게 올려볼까요? 차가운 초콜릿라떼 위에는 생크림이나 휘핑크림을 얹어서 모양을 꾸밀 수도 있답니다.

수업 Tip
- 에스프레소 머신을 사용하여 우유 스티밍을 할 경우 저지방 우유가 아닌 일반 우유를 준비하고, 전자레인지를 이용할 경우 일반 우유, 저지방 우유, 멸균 우유 등 종류에 상관없이 사용하도록 한다. 우유 대신 두유를 사용할 수도 있다.

수업 Tip
- 벨크리머는 스테인레스 소재의 샷 잔으로 초콜릿라떼를 만들기 적당한 3온스(90ml)를 준비하면 좋다.

- 우유 거품 올린 뒤 에칭펜으로 모양 꾸미기

• 차가운 초콜릿라떼 위에 생크림을 올려 모양을 꾸민다.

- 생크림을 올린 뒤 초콜릿시럽 혹은 초콜릿파우더로 모양 꾸미기

💡 수업 Tip

• 초콜릿시럽은 시중에 판매되는 시럽을 구입하여 사용할 수 있지만, 직접 만들어 사용할 수도 있다.

방법
재료를 넣고 중·약불에서 가루 재료가 녹을 수 있게 풀어주면서 끓여주다가 점성이 생기면 불을 끈다.

재료
바닐라 아이스크림 8T(80g), 생크림 50ml, 우유 50ml, 초콜릿 50g, 코코아 가루 2T

평가	적극 참여	보통	참여 안 함
초콜릿라떼를 만드는데 필요한 준비물을 말하는가?	○	○	○
초콜릿라떼 만들기 활동에 적극적으로 참여하는가?	○	○	○
우유 거품이나 생크림을 올려 모양을 꾸미는가?	○	○	○

23차시 싱그럽고 달콤 쌉쌀한 말차라떼 만들기

학습 목표 말차시럽을 만들어 말차라떼를 만든다.

학습 계획

차시 개관
이 차시에서는 녹차와 말차의 차이를 알고 말차가루를 이용하여 말차시럽을 제조하여 말차라떼를 만들어보도록 한다. 말차라떼에는 보통 커피가 사용되지 않지만 본 차시에서는 차가운 말차라떼 만들기에만 에스프레소 30ml를 추가하도록 하고 따뜻한 메뉴를 제조할 때는 사용하지 않는다.

학습 활동
1. 녹차와 말차의 차이 알기
2. 말차시럽 만들기
3. 말차라떼 만들기

학습 자료
말차파우더 60g, 설탕 120g, 녹차티백, 시럽통, 물(60~80℃), 에스프레소 머신(전자레인지), 면 행주, 스팀피쳐(600ml), 우유, 생크림, 연유, 계량스푼, 얼음 약간량, 음료잔, 전자저울, 온도계, 풀, 가위 등

관련 자료
- 더스칼러빈 자료집
- 말차시럽 만들기 동영상

Note

학습활동

> **알기** 녹차와 말차의 차이 알기

■ 녹차와 말차의 차이점을 알아본다.

• 녹차와 말차를 마셔본 경험이 있는지 이야기 나눈다.

> 녹차 혹은 녹차 아이스크림, 녹차라떼를 좋아하나요? 카페에 가면 녹차라고 되어있는 곳도 있고 말차라고 되어있는 곳도 있어요. 그런데 녹차와 말차는 엄연히 다르답니다. 말차와 녹차는 모두 녹차의 잎을 이용해서 만들어진다는 공통점이 있지만 만드는 방법과 마시는 방법에 차이가 있어요. 같이 알아보도록 해요.

• 녹차와 말차의 마시는 형태와 재배 방법의 차이를 알아본다.

> 말차와 녹차 중에서 우리에게 더 익숙한 것은 녹차지요. 녹차는 여러분이 알고 있는 것처럼 말린 녹차의 잎을 따뜻한 물에 우려 마시는 것이에요. 시중에서 쉽게 구할 수 있는 티백 형태로 마시기도 하고 찻잎을 거름망에 걸러 우려 마시기도 하지요.

- 녹차 마시는 형태 알아보기(티백 형태, 거름망에 우려 마시는 형태)

⚠️ 수업 Tip

• 녹차는 잎을 따서 볶거나 증기로 찐 후 건조시켜서 만들고, 말차는 연하고 진한 찻잎을 건조하고 잎맥을 제거해서 잎 부분만 미세하게 분쇄하여 제조한다.

• 셰이딩 재배는 햇볕을 차단해서 재배하는 방법이다. 이와 같은 방법으로 재배되는 농산물 중에는 커피, 인삼 등이 있다.

> 반면 말차는 녹찻잎을 쪄서 그늘에 말린 후 잎맥을 제거한 나머지를 곱게 분쇄하여 물에 타 마시는 것이에요. 그래서 버리는 잎 없이 모두 마실 수 있고 녹차보다 맛도 진하며 영양분도 풍부해요. 또 말차는 새싹이 올라올 때 약 20일 정도 셰이딩 재배를 통해 재배된 찻잎을 사용한다는 것이 녹차와 가장 큰 차이점이랍니다. 녹차는 특별한 과정 없이 일반적으로 잘 자란 잎을 따서 사용하거든요.

- 말차 마시는 형태 알아보기(물에 타 마시는 형태)
- 녹차와 말차 재배 방법의 차이 알아보기(말차: 셰이딩 재배)

■ 녹차와 말차의 색과 맛을 비교하며 마셔본다.
  • 녹차는 티백으로 말차는 가루를 이용하여 마셔본다.

	녹차	말차
색	연한 녹색	셰이딩 재배로 인해 진한 녹색
맛	고소하고 떫은맛	진하고 깊은 맛
마시는 방법	- 개인잔에 ±90℃의 물 150ml을 준비한다. - 녹차티백 1개를 넣고 우려낸 후 꺼낸다. - 기호에 맞게 물의 양과 우리는 시간은 조절하여 마신다.	- 개인잔에 ±90℃의 물 150ml을 준비한다. - 말차파우더 20g을 넣고 잘 저어준다. - 기호에 맞게 말차파우더의 양과 물의 양의 시간은 조절하여 마신다.

  - 마시는 방법을 참고하여 녹차와 말차 마시기

실습하기 말차시럽 만들기

■ 말차시럽 만들기 실습에 참여한다.
  • 말차시럽 만들기 동영상을 시청한다.

> 말차라떼를 만들기 위해서는 말차파우더나 시럽이 있어야 해요. 그런데 우리는 오늘 말차파우더로 직접 시럽을 제조하고, 그 시럽을 사용해서 말차라떼를 만들 거예요. 우리가 직접 만든 시럽으로 말차라떼를 만들면 더 맛있겠지요? 말차시럽을 만들 때는 말차파우더가 뭉치지 않게 설탕과 잘 섞어주는 것이 중요하답니다. 저어주다 보면 팔이 아플 수도 있어요. 그럴 땐 옆 친구와 번갈아 가면서 저어주도록 할게요.

  • 말차파우더와 설탕을 이용한 말차시럽 만들기 과정을 알아본다.

말차파우더 60g, 설탕 120g 용기에 담기

물 60g 부어주기

💡 수업 Tip

- 말차와 설탕을 물에 녹여 저어줄 때 물의 온도가 너무 뜨거우면 말차의 쓴맛이 올라오므로 꼭 끓인 물을 식혀 60~80℃의 물을 사용한다.
- 시럽의 당도는 파우더 자체에 당이 포함되어 있는지의 여부와 설탕의 양에 따라 달라지므로 완성된 후 맛을 보아 본인의 기호에 맞게 당도를 조절한다.
- 완성된 시럽은 비닐을 씌워 하루 정도 숙성기간을 거치면 맛이 더 좋아진다.
- 뜨거운 물을 사용하므로 안전사고에 유의한다.

| 말차파우더가 덩어리지지 않게 저어주기 | 용기에 담기 |

- 과정에 맞게 말차시럽 만들기 실습에 참여하기

더하기 말차라떼 만들기

■ 따뜻한 말차라떼 만들기 실습에 참여한다.

 완성된 시럽으로 먼저 따뜻한 말차라떼를 만들어 볼게요. 먼저 따뜻하게 데워진 우유에 말차시럽을 적당량 섞어주고요. 데워진 우유가 잘 섞일 수 있게 부어주세요. 라떼 만들기 할 때 배웠던 방법으로 똑같이 부어주면 된답니다.

• 완성된 말차시럽에 우유를 섞어 따뜻한 말차라떼 만들기 과정에 참여한다.

우유에 말차시럽 섞어주기   우유 거품 내주기

우유 거품 부어주기   완성

- 과정에 맞게 따뜻한 말차라떼 만들기 실습에 참여하기

■ 차가운 말차라떼 만들기 실습에 참여한다.

Q 이번에는 차가운 말차라떼를 만들 거예요. 차가운 메뉴에는 우유를 데워주지 않아도 돼서 비교적 만드는 방법이 간단해요. 기호에 따라서 중간에 에스프레소를 추가해주기도 하고요, 생크림을 얹어주기도 하지요. 오늘은 에스프레소와 생크림 모두를 사용해서 차가운 말차라떼를 만들어볼게요.

> **수업 Tip**
> - 1인 1메뉴를 만드는 것이 어려운 환경이라면 학급의 상황에 따라 모둠으로 활동할 수 있도록 지도하여 모든 학생이 실습 과정에서 소외되는 일이 없도록 한다.
> - 완성된 음료는 개인별, 그룹별로 서로 맛을 보며 평가한다.

• 완성된 말차시럽에 우유와 얼음을 섞어 차가운 말차라떼 만들기 과정에 참여한다.

우유에 말차시럽 섞어주기

시럽으로 잔 데코하기

얼음 넣어주기

우유 넣어주기

에스프레소 30ml 추가하기

생크림 얹어주기

말차파우더 뿌려주기

차가운 말차라떼 완성

- 과정에 맞게 차가운 말차라떼 만들기 실습에 참여하기

평가	적극 참여	보통	참여 안 함
녹차와 말차의 차이를 비교하는가?	○	○	○
말차시럽 만들기 활동에 적극적으로 참여하는가?	○	○	○
말차라떼 만들기 활동에 적극적으로 참여하는가?	○	○	○

MEMO

MEMO

MEMO

찾아보기 INDEX

ㄱ

가정용 로스터	45
개인복장	73
개인위생	19, 23, 71, 72, 73
개인위생 점검표	72
겉껍질	24
견과류	40, 41, 49, 137, 138, 139
결점두	32, 33, 35
결점두 제거기	35
결제 기능	81, 82
계량스푼	118
계산기	80, 81
고객 응대	82, 83
고구마 고명	138, 139
고구마라떼	137, 138
고구마페이스트	137, 138
고무장갑	76, 77
과테말라	36
굵기	65, 66, 104, 108, 125
그라인더	65, 93, 95, 118, 131
그룹헤드	94, 95, 96, 97
그린빈	24
금전함	81
기계수확	26

ㄴ

나무주걱	46
냅킨	75
넉박스	97
녹차	145, 146

ㄷ

다이얼 방식	101
다크	55
대인 서비스	71, 73
데미타세	87, 90, 98, 110
드라이 체리	33, 35
드리퍼	49, 118, 119, 120, 121
드립백	29, 40, 58, 59, 60, 61, 62, 63, 117
드립백 필터	59, 60, 61
드립 트레이	94, 97
드립포트	118, 121

ㄹ

라떼아트	112, 113, 114, 115
라떼아트 툴	113
라벨지	60, 61
라이트	53, 55
라이트 미디엄	55
레버 방식	101
레벨링	96
로드	130, 131, 132, 133
로부스타	28, 29, 30
로스팅	34, 40, 45, 46, 47, 48, 49, 50, 52, 53, 54, 55, 56, 62, 65, 125
로스팅 8단계	53
리베리카	29

ㅁ

마더리트리 다크	55
마더리트리 라이트	55
마우스	81
마카롱 탬퍼	96
막대걸레	75, 76, 77
말차	113, 145, 146, 147, 148
말차라떼	146, 147, 148
말차시럽	146, 147, 148
말차파우더	113, 146, 147, 148
망사형 파우더통	113
멕시코	36
면장갑	46
명찰	73
모양 찍기 틀	138, 139
모카 익스프레스	125, 126, 127
모카커피	20
모카포트	124, 125, 127, 131
모카항	20
미디엄	53, 55
미술작품	54, 55
믹서기	137, 138
믹스커피	29, 30

ㅂ

바리스타 직무체험 애플리케이션	88
박스	60, 62
베리 다크	55
베리 라이트	55
벨크리머	21, 142
보조피처	103, 104, 107
부르스타	46, 125
분리수거	78
분쇄 정도	65, 87, 125
분쇄 커피	58, 59, 60, 61, 65, 66, 96, 120, 124, 125
브라질	32, 33, 39, 40, 47, 49, 50, 52, 98
브로큰 빈	33, 35
브리카	125, 126, 127
블랙빈	33, 35
빗자루	75, 76, 77
빨대	38, 75

ㅅ

사다리꼴형 드리퍼	118
사다리꼴형 여과지	119
사발이 받침대	125
사우어 빈	33, 35
사이폰	65, 130, 131, 132, 133, 134
상부 용기	124
샌드아트	66
생두	19, 24, 28, 29, 32, 34, 35, 45, 46, 47, 49, 52, 53, 56, 58
생크림	110, 142, 143, 148
샷 글라스	87, 90
서버	118, 120
설탕	29, 30, 98, 146
성장 과정	25
센터컷	24, 28, 33, 47, 50
셰이딩 재배	145, 146
셀	33, 35
수망 로스터	45, 46, 48
수망 로스팅	46, 47, 48, 49
슈가파우더 체망	113
스크리너	34
스탠드	130, 131
스트리핑	26
스티밍	102, 106, 109, 142
스틱	120, 130, 131
스팀 분사 장치	101
스팀 스위치	94
스팀 완드	94, 101, 102, 103, 106, 107
스팀 완드 팁	101, 102, 103, 106
스팀용 면 행주	101
스팀 탭	101
스팀피처	101, 106, 107, 108, 109
시나몬	53, 55, 106, 113, 138
시나몬파우더	113, 138
시럽	21, 75, 82, 104, 114, 115, 141, 142, 143, 146, 147, 148
시럽라떼아트	114, 115
시티	53, 55
실링기	59, 60, 61
실버스킨	24, 33

ㅇ

아라비카	28, 29, 30
안정화	104, 109
알코올램프	130, 132
압력 게이지	94
압력 밸브	124, 125, 126
앞치마	73
언라이프	33
업소용 로스터	45
에스프레소	19, 21, 65, 71, 87, 88, 89, 90, 91, 93, 94, 95, 98, 99, 101, 104, 106, 109, 112, 113, 114, 124, 127, 138, 142, 148
에스프레소 머신	19, 21, 87, 93, 94, 95, 98, 101, 112, 138, 142
에칭펜	114, 115, 142
에티오피아	19, 20, 29, 39, 40, 131, 133
엘살바도르	36
여과기	130

연유 커피	127, 128
예멘	20
온도계	118
온두라스	36
온수 노즐	94
요구르트 통	78
우유	21, 91, 94, 101, 102, 103, 104, 106, 107, 108, 109, 110, 112, 113, 114, 127, 137, 138, 141, 142, 143, 147, 148
우유 거품	94, 101, 102, 103, 104, 106, 107, 108, 109, 110, 112, 113, 114, 142, 143, 147
우유 스티밍	102, 142
우유팩	78
원뿔형 드리퍼	118
원뿔형 여과지	119, 120
위더드 빈	33
유니폼	73
유리잔	78
유선 단말기	81
융 필터	130
이머춰	33
이탈리안	53, 55
인도네시아	32, 33
인섹트 데미지	33, 35
인스턴트커피	29, 30

ㅈ

자동 거품기	103, 108, 141
자외선 형광분류기	35
작동 버튼	94
재배 고도	36
재스민꽃	23
전기포트	62, 118
전동 수동 거품기	103, 108, 109, 141
전자저울	46, 58, 60, 118
점액질	24
종이컵	46, 58, 59, 60, 61
종이 필터	130
종이 핸드 스크리너	34
주문 등록	81, 82
주문서	80, 82
주방 청소	76, 77
중간 용기	124, 125
진공 추출	134
집게	46, 47, 48

ㅊ

채반	46, 47
초콜릿	20, 21, 38, 40, 50, 104, 131, 141, 142
초콜릿라떼	104, 141, 142, 143
초콜릿시럽	21, 104, 141, 142, 143
초콜릿파우더	141, 142, 143
추출	21, 29, 40, 49, 62, 63, 65, 87, 88, 89, 90, 91, 93, 94, 95, 97, 98, 104, 109, 117, 118, 120, 121, 122, 124, 125, 126, 127, 130, 131, 132, 133, 134
추출구	124, 125, 126
추출 기구	49, 65, 117, 124, 131, 132, 134

ㅋ

카네포라	29
카라멜시럽	114
카페라떼	19, 101, 109, 112
카페모카	19, 20, 21
카푸치노	101, 104, 106, 109, 112
카푸치노잔	104, 109
칼디의 전설	19, 20
캔	78
커피 가루	59, 66, 71, 96, 122, 125, 133
커피꽃	23, 25, 28
커피나무	20, 23, 24, 28
커피 아트	66, 67
커피액	87, 90, 98, 118, 120, 126, 127, 132, 133, 134
커피 오일	133
커피의 고향	19, 20
커피찌꺼기	54, 71, 97, 132
커피체리	20, 24, 25, 26, 28, 32, 35
커피 트레이	52
커피 향미표	39, 41
컵	21, 38, 62, 75, 78, 87, 94, 108, 109
컵 워머	94
케냐	32, 34, 121
코스타리카	36
콜롬비아	32, 34
크랙	47, 48, 50
크레마	87, 90, 98, 108, 109, 125, 126, 127
클레버 커피 드리퍼	118, 119, 120, 121

ㅌ

탄자니아	32, 34
탬핑	87, 96
티백	145, 146
티스푼	58, 60, 141, 142

ㅍ

파나마	36
파치먼트	24, 33
펄프	24, 33
펑거스 데미지	33
포드	33, 35
포린 매터	33
포스기	81, 82
포스 본체	81
포장 봉투	59, 60, 61, 62
포터필터	94, 95, 96, 97
푸어 오버 드립	122
풀시티	55
프렌치	53, 55
프렌치프레스	65, 141
플라스크	130, 131, 132, 133
플라스틱	78
플랫빈	24
플로터	33, 35
필터	59, 60, 61, 62, 63, 94, 95, 96, 97, 118, 130

ㅎ

하리오 드리퍼	118, 119, 120, 121
하부 용기	124, 125, 127
하와이	32
하이	53, 55
핸드드립	49, 65, 118, 122, 125, 131
핸드 로스터	45
핸드 소팅	35
핸드피킹	26
행주	95, 97, 101, 103, 106, 107
허스크	33
헐	33
호퍼	131
홀더	75
홀 청소	75, 76, 77

A

| AA | 32 |

E

| Extra Fancy | 32 |

G

| Grade1 | 33 |

N

| No.2 | 33 |
| NY2 | 33 |

O

| O.C.D 탬퍼 | 96 |

S

SCA	33, 55
SHB	36
SHG	36
Supremo	32

W

| WBC | 91 |

번호

| 1차 크랙 | 48, 50 |
| 2차 크랙 | 50 |

참고 문헌

유대준, 박은혜(2020). **그린빈 인사이드**. 경기: 더스칼러빈.
유대준, 박은혜(2021). **All New 커피 인사이드**. 경기: 더스칼러빈.
(사)한국커피협회(2017). **자유학기제를 위한 청소년 커피지도서**. 경기: 커피투데이
(사)한국커피협회(2020). **NCS(국가직무능력표준/커피관리) 커피 바리스타**. 경기: 커피투데이
한국장애인개발원(2014). **직무매뉴얼 발달장애인 바리스타 일자리**.

사진 출처

1차시

쪽	항목	출처
19쪽	칼디의 전설	https://m.blog.naver.com/ozbean/220392859472
20쪽	17세기 후반 모카항의 모습	https://post.naver.com/viewer/postView.naver?volumeNo=13660983&memberNo=35885258
20쪽	커피 경작지	https://www.shutterstock.com/image-photo/terraced-rice-fields-old-houses-on-288387992

2차시

쪽	항목	출처
23쪽	잎	All New 커피 인사이드(유대준, 박은혜, 2021) p.27
24쪽	점액질	All New 커피 인사이드(유대준, 박은혜, 2021) p.28
24쪽	펄프	All New 커피 인사이드(유대준, 박은혜, 2021) p.28
24쪽	파치먼트	그린빈 인사이드(유대준, 박은혜, 2020) p.15
24쪽	그린빈/플랫빈	그린빈 인사이드(유대준, 박은혜, 2020) p.16
25쪽	커피체리의 성장 과정	그린빈 인사이드(유대준, 박은혜, 2020) p.104
25쪽	커피체리의 성장 과정을 살펴본다	그린빈 인사이드(유대준, 박은혜, 2020) p.102~105
26쪽	기계수확	https://qoqoqo90.tistory.com/33

3차시

쪽	항목	출처
27쪽	3차시 이미지	https://www.shutterstock.com/image-photo/green-grains-arabica-robusta-comparison-on-1231721041
28쪽	로부스타 커피꽃	https://www.shutterstock.com/image-photo/beautiful-attractive-blooming-coffee-tree-flowers-2330951343
28쪽	아라비카 커피꽃	그린빈 인사이드(유대준, 박은혜, 2020) p.13
28쪽	로부스타 커피꽃	https://www.shutterstock.com/image-photo/robusta-coffee-flowers-that-bloom-emit-2319885909

4차시

쪽	항목	출처
31쪽	4차시 이미지	그린빈 인사이드(유대준, 박은혜, 2020) p.174
34쪽	전동 스크리너	그린빈 인사이드(유대준, 박은혜, 2020) p.173
34쪽	핸드 스크리너	그린빈 인사이드(유대준, 박은혜, 2020) p.173
35쪽	결점두 제거기	그린빈 인사이드(유대준, 박은혜, 2020) p.175
35쪽	자외선 형광분류기	그린빈 인사이드(유대준, 박은혜, 2020) p.176

5차시

쪽	항목	출처
37쪽	5차시 이미지	https://www.shutterstock.com/image-photo/coffee-pencils-on-paper-302067887

6차시

쪽	항목	출처
44쪽	6차시 이미지	https://www.shutterstock.com/image-photo/traditional-bali-coffee-beans-roasting-512600563
45쪽	핸드 로스터	http://www.yehdam.com

7차시

51쪽	7차시 이미지	https://www.shutterstock.com/image-photo/beans-cup-books-on-antique-clocks-592996415
54쪽	미술작품 1	https://photohistory.tistory.com/6800
54쪽	미술작품 2	https://cafe.naver.com/readingtc
54쪽	미술작품 3	https://blog.naver.com/1ehdrbwltn/222178363557
54쪽	미술작품 5	https://cafe.naver.com/artnapkin
54쪽	미술작품 6	https://blog.naver.com/adprsesil/120111448289
56쪽	보충 자료	All New 커피 인사이드(유대준, 박은혜, 2021) p.168

8차시

57쪽	8차시 이미지	https://www.shutterstock.com/image-photo/dripping-coffee-by-sea-side-morning-1958200261

9차시

64쪽	9차시 이미지	https://www.shutterstock.com/image-photo/2024-new-year-numbers-ground-coffee-2388350109

10차시

70쪽	10차시 이미지	https://www.shutterstock.com/image-photo/unrecognizable-waitress-holding-cup-latte-rosetta-1013543293

11차시

74쪽	11차시 이미지	https://www.shutterstock.com/image-photo/penang-malaysia-15-mar-2021-interior-1939550107

12차시

79쪽	12차시 이미지	https://www.shutterstock.com/image-photo/happy-young-asian-woman-cashier-wears-2248363903

13차시

86쪽	13차시 이미지	https://www.shutterstock.com/image-photo/espresso-isolated-on-white-background-1698290509

14차시

92쪽	14차시 이미지	https://www.shutterstock.com/image-photo/coffee-tamper-machine-1800366931
93쪽	가정용 에스프레소머신 1	https://www.shutterstock.com/image-photo/automatic-espresso-coffee-machine-isolated-on-1792229711
93쪽	가정용 에스프레소머신 2	https://www.shutterstock.com/image-photo/stylish-red-coffee-machine-isolated-on-1568384773
93쪽	업소용 에스프레소머신 1	https://www.shutterstock.com/image-illustration/modern-metal-professional-coffee-machine-on-1153691722
93쪽	업소용 에스프레소머신 2	https://www.shutterstock.com/image-illustration/professional-automatic-coffee-machine-three-posts-1551717029

15차시

100쪽	15차시 이미지	https://www.shutterstock.com/image-photo/vintage-tone-some-people-pour-milk-2337056105
101쪽	스팀분사장치	All New 커피 인사이드(유대준, 박은혜, 2021) p.361

16차시

105쪽	16차시 이미지	https://www.shutterstock.com/image-photo/hot-cappuccino-cookie-cinnamon-isolated-on-609332417
110쪽	에스프레소 마끼아또	https://www.shutterstock.com/image-photo/this-delicious-espresso-macchiato-2136364037
110쪽	카페 콘파냐	https://www.shutterstock.com/image-photo/espresso-con-panna-caffe-on-wooden-1393089986
110쪽	아포가토	https://www.shutterstock.com/image-photo/affogato-perfect-shots-espresso-poured-over-1371993902

17차시

111쪽	17차시 이미지	https://www.shutterstock.com/image-photo/hot-latte-art-cup-coffee-making-1077708926

18차시

116쪽	18차시 이미지	https://www.shutterstock.com/image-photo/drip-brew-coffee-ground-beans-contained-522760999

19차시

123쪽	19차시 이미지	https://www.shutterstock.com/image-photo/tavigliano-italy-august-01-2017-four-688618588

20차시

129쪽	20차시 이미지	https://www.shutterstock.com/image-photo/siphon-vacuum-coffee-maker-grinder-drip-1141042523

22차시

140쪽	22차시 이미지	https://www.shutterstock.com/image-photo/cold-cocoa-cream-1014807226

23차시

144쪽	23차시 이미지	https://www.shutterstock.com/image-photo/matcha-green-tea-ice-cube-milk-1124732324

지은이 소개

박은혜
- 부천혜림학교 교사
- 〈그린빈 인사이드〉 공저
- 〈All New 커피 인사이드〉 공저

특수교사로 재직하면서 음악교육, 커피교육에 깊은 관심을 가지고 교육현장에서 이 분야의 발전을 위해 노력하였다. 특히 커피전문도서 출판, 발달장애 학생들을 위한 교재 및 교구 개발, 교원연수 등으로 커피교육 발전에 힘썼으며 현재는 2022 개정 특수교육 교육과정의 초등 음악교과서를 집필 중에 있다.

최근영
- 충남 보령교육지원청 장학사
- 〈장애학생을 위한 음악교육의 이론과 실제〉 공저

특수교사로 재직하면서 특수교육 교육과정, 교육정책, 음악교육, 커피교육, 진로·직업교육 등 다양한 교육 전문 분야의 발전을 위해 노력하였으며 현재는 교육전문직원으로서 학생과 교사의 체계적 지원을 위해 힘쓰고 있다.

김지화
- 제주특별자치도교육청 특수교육지원센터 교사

특수교사로 재직하면서 커피 및 티(TEA) 관련 자격 취득을 바탕으로 발달장애 학생의 특성에 맞는 교재·교구 개발에 힘썼으며 이와 관련한 교원 대상 강의를 진행하면서 장애학생의 진로·직업교육의 발전을 위해 노력하였다. 현재에도 장애학생의 진로·직업교육과 관련된 연구를 수행 중이며 특수교육 현장에서 진로·직업교육의 발전을 위해 꾸준히 애쓰고 있다.

박성혜
- 성동발달장애인평생교육 팀장 역임
- 서울정진학교 교사

특수교사로 재직하면서 정서장애특수학교 재난안전 워크북 및 프로그램집을 개발하였고 발달장애인의 평생교육에 관심을 갖고 다수의 평생교육관련 프로그램 현장적합성 검토를 실시하였다. 발달장애인 수급자격 심의위원으로 활동하면서 발달장애인의 최소한의 생활보장 확대를 위해 노력하였으며 현재 장애학생의 평생교육 프로그램 개발에 힘쓰고 있다.

임지호
- 부천혜림직업재활시설 원장
- 혜림커피 대표
- 더스칼러빈 대표

부천혜림직업재활시설 원장으로 재직하면서 지적장애인들이 사회의 한 구성원으로 자립하여 살아갈 수 있도록 직업교육과 고용을 위한 제과·제빵 및 커피 사업의 질적 향상을 도모하고 있다. 현재 '직업재활시설이 궁극적으로 나아가야 할 길'에 대해 연구하며 전방위적으로 지적장애인을 위한 시설의 변화와 발전에 집중하고 있다.